왜 세계화가 문제일까?

왜 세계화가 문제일까?

게르트 슈나이더 지음 | 이수영 옮김 | 정승일 도움글

반니

WORLD TRAVEL

세계는 가까워져 이제는 뗄 수 없을 정도로 긴밀하게 결합되었다.

마우스를 한 번 클릭하면 어마어마한 액수의 돈이 세계 곳곳으로 흘러간다.

수천 톤의 커피나 수백만 장의 셔츠가 전 세계를 여행한다.

인터넷만 있으면 전 세계 사람 누구든 만날 수 있다.

그러나 이러한 편리 이면의 어느 곳에는

착취당하는 노동자가 있고, 가난으로 고향을 떠나는 난민이 있다.

또 지구온난화와 환경오염이 우리 모두를 위협하고 있다.

과연 세계화는 지구의 파괴자일까, 구원자일까?

더 나은 세계화를 꿈꾼다

정승일(정치경제학 박사, 〈복지국가소사이어티〉 정책위원)

기말고사를 마치고 학교를 나서는 한 고등학생을 따라가 보자. 먼저 친구들과 맥도널드 McDonald's에 가서 햄버거를 사먹는다. 햄버거를 해치우고 나서는 그 옆의 스타벅스 Starbucks에 들어가 남아메리카산 원두로 만든 커피와 미국산 과일을 갈아 만든 주스를 홀짝거린다. 이 학생은 주머니에서 스마트폰을 꺼냈다. 스티브 잡스 Steve Jobs가 창업한 애플 Apple사에서 나온 제품이다. 몇 달 전 가족과 함께 영국으로 떠난 친구에게 카카오톡 Kakaotalk을 보낸다. 비록 멀리 있지만 스마트폰만 있으면 언제나 실컷 수다를 떨 수 있다.

이처럼 오늘날 우리는 세계 어디에서나 누구와도 쉽게 교역하고 소통할 수 있는 세상, 세계화된 세상에 살고 있다. 그런데 이 세계화는 과연 언제부터 시작되었을까? 편리하게만 느껴지는 이 세계화가 무조건 좋기만 한 걸까?

우리나라 근현대적 세계화의 시작

15세기 무렵, 콜럼버스 Christopher Columbus와 바스쿠 다가마 Vasco da Gama 같은 유럽 정복자들은 황금과 향신료를 찾아 항해를 시작하여 아메리카와 아시아 땅에 도착했다. 그러고는 신대륙과 원주민들을 무력으로 정복하고 경제적 착취를 일삼았는데, 이 책의 저자는 그 사건이 바로 오늘날 세계무역의 관계망, 즉 '근현대적 세계화'의 출발점이 되었다고 설명한다.

우리나라를 비롯한 아시아 여러 나라들이 처음 맞은 세계화 역시 이와 비슷하게 결코 유쾌한 것이 아니었다. 중국은 1842년 아편전쟁에서 영국에 패하고 굴욕적인 난징조약을 체결하면서 근현대적 세계화의 물결에 합류했다. 자국 영토인 홍콩의 주권을 영국에 빼앗기고, 상하이 등 5개 항구를 영국의 상선과 군함에 억지로 개방하면서 말이다.

우리나라는 1876년 일본과 강화도조약을 체결하면서 근현대적 세계화의 격랑 속에 빠져들었다. 조선 왕조는 신식 대포와 소총으로 무장한 일본군의 위협에 굴복했고, 이후 서구 열강의 내정간섭과 일본에 의한 식민지화라는 역사의 비극을 겪었다.

청나라 건륭제乾隆帝, 1711~1799 통치 시절까지 중국은 세계 최강 국이었다. 당시 중국 경제는 전 세계 총생산의 절반을 차지했으며, 이것은 영국을 포함한 유럽의 두 배였다. 경제학자들의 연구에 따르면, 1750년 중국의 일인당 국민소득은 228달러(1960년 달러 가치 기준)로, 영국을 포함한 유럽의 150~200달러보다 높았다. 미국은 아직 영국으로부터 독립하지도 못한 미미한 식민지였다. 그러니 1780년 까지만 해도 중국과 조선의 지배층은 문화 및 기술 수준에서 세계 최고이며 '서양 오랑캐'에 뒤질 것이 별로 없다고 믿었다.

하지만 1750년경부터 유럽은 본격적인 공업화와 근대화에 나선다. 산업혁명이 진행된 영국에서는 1785년에 제임스 와트James Watt가 증기기관을 발명하면서 곧 증기기관과 근대적 강철, 거대 함포를 채용한 해군 함정으로 세계를 정복한다. 프랑스에서는 1789년에 프랑스혁명이 일어나 자유와 평등, 인권을 외친다. 모차르트와 베토벤의 음악, 괴테와 빅토르 위고의 문학, 칸트의 철학과 가우스의 수학이 나타나는 것도 이 시기이다.

중국과 일본, 조선은 이제 서구로부터 문명과 기술을 배우고, 근현대적 세계화의 물결에 주체적으로 나서야 했다. 놀랍게도 여기서 가장 앞선 나라는 동아시아 3국 중 가장 뒤떨어져 있던 변방이며, 그리하여 서방에 대한 오만과 편견이 가장 약했던 일본이었다.

1853년 미국에 처음 항구를 연 뒤, 1867년 메이지 정권을 수립해 서구 근대국가를 모델로 하는 대대적인 개혁을 실시하면서 일본은 상전벽해에 가까운 변화를 겪었다. 그러고는 1895년 청일전쟁, 1905년 러일전쟁에서 승리하면서 아시아의 패권국으로 떠올랐다. 1910년에는 조선을 식민지로 만들어 36년간 통치했다.

세계화의 승리자가 된 우리나라

일제강점기를 거치며 우리나라는 세계에서 가장 가난한 나라로 전락했다. 해방 후 15년이 지난 1960년 우리나라 일인당 국민소득은 100달러가 채 안 되어 아프리카의 가나보다도 가난했는데, 이는 정조 임금이 사망한 1800년의 조선보다도 못한 것이었다.

외세가 강요한 세계화가 아닌 우리의 주체적 세계화는 1960년대에 비로소 시작되었다. 1961년 쿠데타로 정권을 장악한 박정희는 1962년 제1차 경제개발5개년계획과 함께 수출 주도 공업화를 선언했다. 10년 뒤인 1972년에는 중화학공업화를 선언했고, 이와 함께 삼성전자와 현대자동차, 포항제철과 대우조선해양 같은 수출 대기업들이 육성되었다. 이 시기 대기업들은 미국과 유럽, 서아시아와 남아메리카 등 세계 여러 바이어들을 바쁘게 만났다. 공장 근로자들은 수출 주문 날짜를 맞추기 위해 철야 근무를 마다하지 않았다.

수출 주도 공업화와 함께 우리 국민의 일상생활에도 혁명적인 변화가 일어났다. 울산과 창원에는 큰 공장이 들어섰고, 고속도로가 건설되어 도시와 도시를 연결했다. 서울 등 대도시에는 높은 빌딩들이 솟아올랐다. 넥타이와 양복 차림의 월급쟁이 직장인들, 작업복 차림의 공장 근로자들이 대도시와 공장지대에 넘실댔다.

1962년부터 1992년까지 우리는 공업화는 물론 스스로에 의한, 스스로를 위한 세계화를 이룩했다. 책의 저자가 말하듯 '아시아의 네 마리 용' 중 하나로 세계화의 승리자가 된 것이었다.

무역과 금융의 세계화와 IMF 환란

우리나라는 무역과 금융의 세계화에 더욱 매진했다. 미국의 다국적기업인 KFC와 피자헛Pizzahut이 1984년과 1985년에 각각 우리나라에 첫 매장을 연 데 이어 1988년에는 맥도널드McDonald's가 들어왔다. 1994년에는 세계무역기구WTO에도 가입했다.

김영삼 정부 때에는 아예 '세계화'가 국가 목표였다. 1996년에는 경제협력개발기구OECD에 가입했으며, 금융시장과 자본시장이 개방되었다. 우리 은행과 대기업은 이제 미국 뉴욕과 영국 런던, 일본 도쿄 등 세계적 금융 중심지에 진출하여 외화로 자금을 조달할 수 있게 되었다. 외국인들이 우리 주식시장에 투자하는 것도 일부 허용되었다. 그 결과 1,000억 달러 이상이 우리나라에 유입되었다. 나라가 넘치는 돈으로 흥청망청했으며, 일인당 국민소득 1만 달러 달성과 함께 곧 선진국이 될 것이라는 기대에 부풀었다.

그러나 국내외 자본시장의 경계를 무너뜨린 이 세계화는 곧 위기를 불러왔다. 과잉투자는 판매 부진으로 이어졌고, 1997년 초부터 대기업들이 은행 빚을 갚지 못해 줄줄이 파산했다. 또 그 즈음 타이와 인도네시아에서 시작된 외환 위기와 금융시장 불안이 우리나라에도 전염되었다. 급기야 1997년 12월 초, 우리나라는 사상 초유의 외환 금융 위기, IMF 환란을 맞는다.

불황, 불평등, 빈부 격차 등 세계화가 드리운 그늘

2008년 가을, 미국의 리먼 브라더스 Lehman Brothers가 파산하면서 미국 월스트리트와 영국 런던 시티, 전 세계의 금융시장은 꽁꽁 얼어붙었다. 세계화된 금융시장 네트워크로 인하여, 저자가 말한 것처럼 미국이 독감에 걸리자 세계경제가 몸살을 넘어 심장마비로 죽기 직전까지 간 것이다. 그리스와 스페인, 아일랜드도 심각한 경제 위기에 빠졌고, 우리나라 역시 불황을 맞았다.

한편 2010년과 2011년에 각각 우리나라는 미국, 유럽연합 EU과 자유무역협정 FTA을 체결했다. FTA란 두 나라가 자유무역을 하여

무역과 금융, 서비스 등의 장벽을 없애자는 협정이
다. 100개 이상 나라가 공동으로 참여해 강대국의
일방적 이익 관철이 쉽지 않은 WTO와는 차원이
다르다. FTA는 그만큼 인간의 삶과 운명을 대기업
과 금융시장의 이기적 이익 추구에 맡겨 버린다. 대기
업과 금융시장이 국민의 건강과 복지, 인권을 침해하게 될 수도 있
는 것이다.

예를 들어, FTA는 법률과 회계 등 비즈니스 서비스 분야만이 아
니라 교육과 의료 분야에서도 대외 개방과 함께 시장 논리를 추구
하는데, 그 경우 돈벌이를 목적으로 하는 비싼 사교육 기관과 주식
회사 병원이 등장할 수 있다. 이런 비싼 시설은 부유한 특권층만 누
릴 수 있을 것이며, 대다수 서민들은 더욱 열악해진 교육 및 의료 환
경을 감수해야 할 것이다.

이 책이 지적하고 있는 것처럼 세계화가 급속히 진행되면서 오
히려 빈부 격차, 그리고 국가 간 불평등이 더욱 커지고 있다.

앞으로의 세계화, 어떻게 받아들여야 할까?

150년 전 식민지로 전락하며 세계화를 맞이했지만 우리나라는
1960년대부터 공업화, 세계화를 이룩해 선진국 문턱에 도달했고,
최근에는 음악과 드라마, 만화 등에서 한류 바람까지 일으키고 있

다. 그러나 빈발하는 금융위기와 재테크 투기의 만연, 일자리를 구하지 못한 젊은이들, 농산물 개방으로 시름하는 농민들, 환경을 오염시키고 떠나는 다국적기업 등은 우리 미래를 어둡게 한다.

이 책의 저자가 주장하듯 세계화의 흐름은 이제 거스를 수 없다. 그러나 세계화의 부정적인 측면은 극복해야 한다. 먼저 제 이익만을 추구하는 국제 투기 자본이 우리 경제에 악영향을 주지 못하도록 세금 등 금융정책을 보완해야 한다. 기업들은 장기 투자와 노동자들을 위한 일자리 확충에 더욱 노력해야 할 것이다. 또 국민의 복지와 인권에 관련된 문제에는 국가가 적극 나서서 보호하고, 빈부 격차를 줄여야 한다.

이 책의 뒷부분에는 공정한 세계화를 위해 경제, 정치, 무역, 아동 구호, 환경 등 다양한 분야에서 활동하는 단체들이 소개되어 있다. 우리 청소년들이 여기에도 관심을 가진다면 앞으로 우리 삶의 더 나은 대안과 방향을 제시할 수 있을 것이다.

이 책을 통해 세계화에 대한 유럽의 스웨덴과 독일 같은 나라들의 해법을 만날 수 있어 반가웠다. 개방 경제를 유지하고, 세계화의 장점을 취하면서도 세계화의 단점과 위험성은 통제하는, 또 다른 세상이 얼마든지 가능하다는 것을 청소년들이 먼저 이해할 수 있으리라 믿는다.

우리는 전 지구를 에워싸는 관계망, 세계화 속에 살고 있다

사소한 변화가 전혀 예측하지 못한 엄청난 결과를 낳을 수 있다는 것을 보여 주는 매우 인상적인 과학 이론이 하나 있다. 어느 한 곳에서 일어난 작은 나비의 날갯짓이 지구 반대편에는 회오리바람을 일으킬 수 있다는 이론, 바로 '나비 효과'이다. 동식물과 인간, 기후, 대양 등 지구상에 있는 모든 것은 서로 복잡하고 섬세한 균형을 이루며 결합되어 있다. 그래서 이곳에서 일어나는 어떤 일은 수천 킬로미터 이상 떨어져 있는 다른 곳에까지도 영향을 미칠 수 있다.

지구 전체를 에워싸고 있는 그물망이 있다고 상상해 보자. 그물망이 한쪽 구석에서 움직이면, 그 움직임은 커다란 물결을 일으키며 지구 전체로 퍼져 나간다. 그러한 물결은 지구의 어디인가에서는 축복이 된다. 강한 회오리바람이 비구름을 몰아와 오랜 가뭄에 시달리던 지역에 비를 내리게 할 수 있기 때문이다. 반면 지구의 어디인가에는 나쁜 영향을 주기도 한다. 수많은 인명 피해를 가져오고 삶의 터전을 파괴하는 일도 발생하니 말이다.

이번에는 또 다른 예로, 지구의 어느 한 동물 종이 멸종되었다고 가정해 보자. 그렇게 되면 생태계 먹이사슬이 혼란에 빠진다. 그리하여 다른 동물 종을 멸종시키거나 반대로 특정한 식물 종이 지나치게 번성하게 만드는 생태계 불균형을 가져오기도 한다. 이처럼 이미 수백만 년 전부터 자연 속에는 무수한 관계망과 연결망이 존재했고, 여러 현상들이 자연의 균형을 조금씩 변화시켜 왔다.

그런데 오늘날에는 그와 비슷하게 전 지구를 에워싸는 관계망이 존재한다. 우리 인간이 만든 현대의 이러한 관계망을 가리켜 '세계화'라고 한다.

세계화 Globalization라는 개념은 미국 하버드대학교의 경제학자 시어도어 레빗 Theodore Levitt 교수가 1983년에 처음으로 사용했다. 레빗 교수는 정치, 경제, 사회, 문화 등 다양한 분야에서 국가 간 교류가 활발해져 전 세계가 점점 하나의 생활권으로 결합하는 현상을 세계화라고 했다. 세계화 현상은 특히 재화, 서비스, 자본, 지식, 노동력이 여러 나라 사이에서 활발하게 교환되고 이동하는 과정에서 뚜렷하게 드러난다.

긴밀하게 결합된 세계화의 구조에서는 나비의 날갯짓이 아닌, 주식시장의 위기와 같은 일이 회오리바람을 일으킬 수 있다. 미국 중서부에서 누군가 집 한 채를 구입한 일이 유럽의 금융 위기로 이어질 수 있으며, 러시아의 가스 공장에서 발생한 문제가 독일 전체에 정전 사태를 불러올 수도 있다.

이처럼 오늘날 우리 모두는 세계화라는 거대한 그물망 안에 속해 있다. 그렇기 때문에 세계화의 법칙과 영향을 받아들이고, 다른 나라들과도 화합하면서 살아가야 한다.

다만 세계화가 어떻게 일어났으며 어떻게 변화해 가는지에 대해서는 좀 더 정확하게 알아야 할 필요가 있다. 세계화는 특정한 단계에 도달한 어떤 상태가 아니라 끝없이 발전해 나가는 과정이기 때문이다. 또 우리가 미처 알아차리지 못하는 경우도 있지만 일상생활에서 마주치는 많은 것들도 세계화와 관련되어 있다.

이 책은 바로 그러한 점을 보여 주고자 한다. 세계화가 어떻게 작동하는지, 세계화의 장점과 단점은 무엇인지, 세계화의 기회와 위험, 문제점이 무엇인지도 따져 볼 것이다. 왜냐하면 많은 사람들, 특히 가난한 나라에 사는 많은 사람들은 세계화의 이익을 제대로 누리지 못하고 있으며, 심지어 세계화로 인해 피해를 보는 나라도 있기 때문이다.

세계화, 혹은 세계를 포괄하는 무역은 이미 오래전부터 존재해 왔다. 그 시작은 대략 500년 전이었다.

차례

도움글 _ 더 나은 세계화를 꿈꾼다 7

들어가는 글 _ 우리는 전 지구를 에워싸는 관계망, 세계화 속에 살고 있다 15

01 **세계 정복** _세계화라는 그물망의 탄생 21

02 **분업** _세계를 떠돌며 만들어지는 상품 39

03 **스몰 월드** _세계를 묶는 커뮤니케이션 49

04 **위기 공동체** _세계화의 위협 61

05 **글로벌 플레이어** _세계를 무대로 하는 기업 71

06 **부에 대한 꿈** _ 전 세계 금융시장의 네트워크화 85

07 **용과 호랑이의 나라들** _세계화의 승리자 97

08 **가난한 아프리카** _세계화의 최대 피해자 107

09 불평등한 세계 _부자 나라에서 실패한 국가까지 121

10 직업인가 착취인가 _세계의 어린이 노동자 129

11 규칙을 만드는 사람 _세계화 과정을 조종하는 국제기구 143

12 공정함을 위한 저항 _세계화에 대한 비판 155

13 문화의 혼합 _우리는 모두 똑같아질까? 169

용어 설명 181

더 찾아볼 만한 자료들 186

찾아보기 191

사진 출처 195

일러두기

*은 옮긴이가 붙인 설명입니다.

세계 정복

세계화라는 그물망의 탄생

세계 최초의 지구의

1492년 10월, 독일 뉘른베르크 출신의 항해가이자 상인인 마르틴 베하임 Martin Behaim이 기쁜 목소리로 소리쳤다.

"드디어 내가 지구의 실제 모습을 정확히 재현해 냈어! 시의회도 분명 만족스러워 할 거야."

베하임은 뿌듯해하며 이 작품을 살펴보았다. 세계 최초의 지구의였다. 당시 뉘른베르크 시의회는 세계를 두루 항해한 경험이 있는 상인 베하임에게 지구의 완전한 모습을 담은 지도를 제작하라고 명했다. 지구의 모양이 둥근 구라는 사실은 이미 알려져 있었다. 베하임은 뉘른베르크 시 최고의 수공업자들과 함께 점토, 아마포(리넨), 양피지, 종이를 이용해 수개월을 공들여 지구의를 제작했다. 완성된 지구의는 지름 50센티미터 크기였다.

"이게 이 세상에 존재하는 모든 바다와 산, 사막, 나라, 대륙입니까, 베하임 씨?"

지구의를 완성하기 전, 베하임이 처음 만든 세계지도를 본 화가 게오르크 글로켄도른 Georg Glockendorn이 물었다. 베하임은 그 세계지도를 아무것도 그려지지 않은 흰색 구에 옮겨 달라고 부탁하며 이렇게 대답했다.

"물론 그렇지 않아요. 지구에는 미지의 땅들이 아주 많습니다.

하지만 지구를 본떠 만드는 이 지구의가 대륙과 바다 등 지구의 모습을 실제와 비슷하게 상상할 수 있도록 해 줄 거예요. 또 머지않아 온 세상을 한 바퀴 돌아 원래 출발했던 곳으로 돌아올 수 있는 시대가 올 겁니다."

"이런 방법으로 말인가요?"

글로켄도른이 가느다란 실을 하나 꺼내 구의 둘레를 감싸면서 물었다.

"그렇습니다. 제가 듣기로는 스페인 사람들이 몇 개월 전부터 지구 반대편으로 떠날 배를 준비하고 있다더군요."

베하임도 실 몇 가닥을 꺼내 구의 둘레에 펼치며 말했다.

"저는 이 항로로 포르투갈과 아조레스 제도(포르투갈 서쪽 북대서양에 있는 아홉 개의 화산섬*)까지 다녀왔습니다. 언젠가는 지구의 모든 곳이 거미줄처럼 연결되는 날이 올 겁니다. 이제 하던 일을 계속할까요?"

글로켄도른은 베하임의 지시에 따라 수개월에 걸쳐 흰색 구에 꼼꼼하게 지도를 그렸고, 마침내 지구의가 탄생했다.

세계 최초의 지구의로 알려진 베하임 지구의는 현재 뉘른베르크의 '게르만 국립 박물관'에 보관되어 있다. 1490년부터 1493년까지 지구의 제작에 몸담았던 마르틴 베하임은 임무를 다한 뒤 포르투갈

독일 출신의 항해가이자 상인인 마르틴 베하임Martin Behaim이 1492년에 제작한
세계 최초의 지구의이다.

로 돌아가 그곳에서 결혼했다. 그 이후로 여러 번의 좌절과 실패를 겪고 가진 것을 다 잃은 베하임은 1507년 세상을 떠났다.

최초의 세계화주의자들

"세계화는 원래 새로운 것이 아니다. 그것은 진화만큼이나 오래전부터 있었다. 간단히 말해 세계화는 각종 재화와 제품, 아이디어를 교환하는 것이다. 온갖 물품을 교환하고 사람들이 이주하는 일은 어쩌면 오늘날보다 100년 전에 더 뚜렷한 현상이었을지 모른다. 다만 새로운 점이 있다면, 그러한 일이 지난 몇 년 사이에 급격히 빨라졌다는 사실이다."

– 독일 쥐트도이체 룬트풍크 방송, 〈일상에서의 세계화〉 중에서

1492년 10월 12일, 배 세 척이 아메리카 대륙 남동쪽에 위치한 바하마 제도의 한 섬에 상륙했다. 배의 총지휘관은 크리스토퍼 콜럼버스Christopher Columbus, 1451~1506였다. 그를 보낸 것은 스페인 왕실로, 인도 항로를 개척해 인도의 황금과 향신료를 유럽으로 들여오려는 계획이었다. 그렇게 스페인을 떠나온 콜럼버스는 처음으로 상륙한 이 섬에 산살바도르(스페인어로 '구세주'를 뜻한다.)라는 이름을 붙

였다.

이 섬의 원주민 아라와크족은 콜럼버스의 배가 다가오는 것을 보았지만 선뜻 해변으로 다가가지 못했다. 그저 의심스러운 눈길로 산타마리아호와 니냐호, 핀타호를 살필 뿐이었다. 신이 그들에게 축복을 주려고 오는 걸까? 시간이 어느 정도 흐르자 원주민들은 하나둘씩 해변으로 몰려갔다. 그들은 환하게 웃으면서 보트를 타고 오는 이방인들을 환영했다. 선물까지 가져온 이 이방인들은 친절하게만 보였다.

그때만 해도 아라와크족은 이 뱃사람들의 속셈을 전혀 몰랐다. 콜럼버스는 항해일지에서 섬의 원주민들에 대해 적길, 물고기를 잡고 카사바 (브라질이 원산지인 관목으로, 뿌리는 알코올 원료나 요리에 쓰인다.*)를 재배하고, 바구니를 엮으면서 살아가는 평화롭고 순박한 사람들로, 스페인 왕실의 좋은 일꾼이 될 수 있을 거라고 했다. 또 어쩌면 그들을 노예로 팔아넘길 수 있을 거라고도 했다.

그러나 콜럼버스는 그보다는 먼저 이곳에 가득 숨겨져 있을 황금부터 찾아야 했다. 콜럼버스는 자신이 상륙한 땅이 인도이며, 막대한 금은보화와 향신료가 자신을 기다리고 있을 거라고 굳게 믿었다. 그는 이 섬이 사실은 유럽과 인도 사이 서쪽 방향에 있는 아메리카 대륙에 속한다는 사실을 전혀 몰랐다.

1498년 인도에 실제로 상륙한 사람은 콜럼버스가 아닌 포르투갈의 항해가 바스쿠 다가마Vasco da Gama,1469~1524였다. 한 선원이 쓴 항해일지를 보면 바스쿠 다가마 일행은 '해안과 우리 쪽으로 끊임없이 몰아치는 거센 폭우 속에서' 인도에 도착했다고 한다. 대서양을 지나는 서쪽 항로를 선택한 콜럼버스와는 달리 바스쿠 다가마는 아프리카 대륙을 돌아 인도로 향하는 동쪽 항로를 선택했다. 그들 일행은 마침내 인도의 말라바르 해안에 닻을 내렸다. 당시 말라바르 해안은 각지에서 모여든 상인들로 북적이는 무역의 중심지로, 중국에서 온 정크선(중국 연안이나 하천에서 사람과 짐을 실어 나를 때 사용한 범선＊)과 아라비아의 다우선(아라비아 지역 연안을 항해할 때 쓰인 범선＊) 등 많은 상선들이 오가고 있었다. 바스쿠 다가마 일행이 거기서 만난 것은 문명화되지 않은 미개인들이 아니라 바쁘게 돌아가고 있는 무역 체계였다. 그러나 자기 나라 왕의 명령을 받고 항해에 나선 유럽 정복자들은 결코 평화로운 무역을 할 생각이 없었다. 그 땅을 무력으로 정복하고 억압할 생각이었다.

콜럼버스와 바스쿠 다가마, 그들의 뒤를 이은 유럽 정복자들은 탐험 욕구와 경제적 이익(황금과 향신료)을 좇아 세계 곳곳의 먼 나라를 항해했고, 그곳 원주민들을 모조리 죽이기도 했다. 이러한 유럽 정복자들의 항해 역사는 세계화의 역사이기도 하다. 당시 전 세계를 도는 이동 수단이 바람에 영향을 받는 느리고 둔한 범선이 아니었다면, 세계화의 첫 물결이 얼마나 더 비인간적이고 잔인하게 전개

이탈리아 탐험가 콜럼버스Christopher Columbus의 동상이다. 콜럼버스는 대서양 서쪽으로 항해해 아메리카에 도착했다. 이 같은 유럽 정복자들은 세계화의 첫 물결을 열었다.

되었을지는 아무도 모른다.

많은 사람들이 콜럼버스가 아메리카 대륙을 처음 발견한 것으로 알지만 실제로는 그렇지 않다. 아메리카 대륙은 그보다 500년 더 전에 아이슬란드 뱃사람들이 발견했다. 콜럼버스와 다른 스페인 정복자들의 항해와 탐험이 더 널리 알려져 있는 것뿐이다. 어떤 의미에서 그들은 모두 '세계화주의자'들이었다. 그들의 탐험 여행은 오늘날 전 세계 무역이 속한 관계망의 출발점이 되었다.

산업혁명과 새로운 교통로

세계화가 처음으로 크게 도약한 시기는 19세기 중반 산업혁명 시기였다. 점점 더 많은 산업이 탄생했고, 영국, 독일, 프랑스에는 공장이 우후죽순으로 생겨났다. 가난하게 살던 농촌 사람들이 더 나은 삶을 위해 도시로 몰려들면서 도시는 빠른 속도로 성장했고, 도시의 공장들도 쉴 새 없이 바쁘게 돌아갔다.

증기기관의 원리가 이미 오래전에 발명된 덕분에 점점 더 많은 기계들이 그 원리에 따라 제작되었다. 기계를 통한 생산이 늘어나면서 수공업은 점차 설 자리를 잃었다. 공장 문 앞에는 적은 임금으로 중노동에 시달리는 산업 노동자들이 꼬리를 물고 늘어섰다. 인력과 재화를 운반해 줄 수단도 꼭 필요해졌다.

영국에서 만들어진 증기기관차 로켓호가 요란한 소리와 함께 증기를 내뿜으며 질주하면 깜짝 놀란 시골 농부들은 성호를 그었다. 로켓호는 1830년부터 영국 맨체스터와 리버풀 구간을 시속 50킬로미터로 운행한 최초의 철도였다. 덕분에 전에는 마차를 타고 거의 20시간을 달려야 했던 거리를 단 3시간 만에 주파할 수 있게 되었다. 그로부터 수십 년 뒤에는 각지의 주요 도시들, 특히 유럽, 아메리카, 아시아의 많은 항구도시들이 철도로 연결되었다. 우편 마차는 사라졌고, 속도가 그 무엇보다 중요한 시대가 되었다.

대륙을 연결하는 철도가 놓였고, 구대륙과 신대륙을 연결하는 뱃길도 생겨났다. 교통로는 서서히 생겨났지만 끊임없이 그 수가 늘어나면서 거미줄처럼 서로 연결되었다.

하늘은 아직 새들의 차지였다. 반면 해저에서는 벌써 무언가가 준비되고 있었다. 1858년 6월 10일, 화물선 아가멤논호와 나이아가라호가 영국 남부 플리머스항을 출발했다. 배 몇 척이 이들 두 화물선을 수행했고, 다른 배들은 작별 인사로 예포를 쏘았다. 두 배의 출항은 전 세계 통신망을 하나로 연결하기 위한 첫걸음을 내딛는 역사적인 사건이었다. 오늘날의 인터넷은 바로 여기서 출발했으며, 이렇게 시작된 통신망이 없었다면 세계화는 생각조차 할 수 없었을 것이다.

아가멤논호의 갑판에는 유럽과 아메리카 대륙을 해저에서 연결할 거대한 해저케이블 뭉치가 실려 있었다. 케이블이 연결되면 전신 신호가 깊은 해저를 빛의 속도로 통과해 수천 킬로미터 떨어진 곳까지 전달되고, 이로써 세계는 더 빠르고 현대적으로 소통하게 될 예정이었다. 하지만 그 첫 번째 시도는 실패했다. 이후 1866년에 설치한 대서양 횡단 케이블이 비로소 연결에 성공하면서 그 뒤로 수많은 해저케이블이 설치되었고, 새로운 교통로가 연결되었다.

여행길에 오르는 사람들

"저는 최신 교통수단을 이용해 80일 만에 세계를 일주할 수 있다는 데 2만 파운드를 걸겠습니다!"

1872년 10월 2일, 영국 런던의 한 사교 클럽에 모인 신사들은 이 말을 듣고 웃음을 터뜨렸다. 또 몇몇은 믿을 수 없다는 얼굴로 고개를 저었다.

"80일 만에 세계를 일주하신다고요? 그건 불가능해요, 포그 씨. 세상은 너무나 크거든요. 하지만 좋습니다. 내기에 응하지요!"

부유하지만 괴팍한 영국의 상류층 신사 필리어스 포그는 그 즉시 출발해 철도와 증기 우편선, 화물선, 코끼리를 타고 세계를 일주했다. 그가 거쳐 간 도시들은 영국 런던, 이탈리아 브린디시, 이집트 수에즈, 예멘 아덴, 인도 뭄바이, 중국 상하이, 일본 요코하마, 미국 샌프란시스코와 뉴욕, 아일랜드 더블린 등이었다.

포그는 80일이라는 약속 시간에서 겨우 3초 남겨 두고는 다시 클럽에 나타났다. 도저히 믿을 수 없는 일이 일어난 것이다! 그는 내기에서 이겼다.

필리어스 포그의 세계 일주를 그린 이 소설에는 주인공 포그 외에도 그와 여행을 함께하는 충직한 하인 파스파르투, 그를 은행 강도로 오해해 끈질기게 추적하는 영국 런던 경찰국의 픽스 형사, 인도 출신의 젊고 아리따운 미망인 아우다가 등장한다. 프랑스 작가 쥘 베른Jules Verne, 1828~1905이 1873년에 발표한《80일간의 세계 일주》는 빠른 속도로 진척되고 있는 세계의 네트워크화를 보여 주며 당시 사람들의 마음을 사로잡았다.

쥘 베른 소설의 주인공 필리어스 포그는 부자였다. 그래서 자신이 원하는 대로 여행을 떠날 수 있었다. 그러나 18세기와 19세기 세계화의 물결 속에서 수많은 사람들은 원치 않는 여행길에 오르기도 했다. 바로 가난과 굶주림, 실업, 전쟁, 자연재해 때문이었다.

'아메리카로! 아메리카로!'라는 마법의 주문 아래 거의 5천만 명에 이르는 유럽의 수공업자, 농부, 자영업자, 노동자가 바다 건너 무한한 가능성의 나라로 떠났다. 그중에는 브라질, 아르헨티나, 우루 과이 같은 남아메리카로 떠나는 사람들도 많았다.

그곳에 먼저 도착한 사람들이 고향으로 보내온 편지에는 황금과 비옥하고 값싼 땅에 대한 찬사가 가득 차 있었다. 그것은 새로운 이 민 열풍을 불러일으켰고, 유럽의 항구도시들은 범선과 증기선을 타 고 몇 주씩 걸리는 이민 길에 오르려는 사람들로 북새통을 이루었 다. 그 가운데 이동 수단의 기동성과 속도는 계속 증가했다.

산업화로 빈부 격차는 더욱 벌어졌다. 무엇보다 가난한 노동자들 을 위한 사회보장제도가 전혀 없었기 때문이었다. 노동자들은 국가 의 보호를 받지 못한 채 지배계급의 횡포에 고스란히 방치되어 있 었다. 형편없이 낮은 임금으로 일했기 때문에 가난한 사람이 재산 을 모으기란 여간 어려운 게 아니었다. 또한 오늘날 모두가 당연하 게 생각하는 임금 협약, 최저임금 보장, 의료보험, 실업보험도 당시 는 도입되지 않은 상황이었다. 그래서 노동 현장에서 곤경에 처하 면 누구든 자기 혼자 힘으로만 헤쳐 나가야 했다. 수공업자와 영세 한 농민들의 처지도 암담하기는 마찬가지였다. 이들은 다른 곳에서 행복을 찾기 위해 온 가족이, 심지어는 온 마을 사람이 이민을 떠나 기도 했다.

새로운 터전을 찾아 이민 대열에 오른 사람이 유럽인만은 아니었 다. 수많은 중국인과 인도인 역시 19세기에 동남아시아와 한국, 서남아프리카 등지로 이주했다.

깊은 해저로부터 우주까지

수많은 이민자와 함께 대륙과 대양을 오가는 물자의 이동도 활발해졌다. 화물열차와 대형 화물선들은 새로운 노선을 통해 항구와 용광로, 제강소로 원자재를 실어 날랐다. 기상관측소가 설치되었고, 무선전신도 발명되었다.

20세기에 이르자 인간은 하늘까지 정복하기 시작했다. 1인승 경비행기가 그 시작이었고, 지금은 여객기, 화물기, 제트기, 군용 비행기 등 매일 비행기 수천 대가 하늘을 지나고 있다. 배와 철도, 자동차로는 며칠에서 몇 주가 필요한 거리를 비행기로 몇 시간 내에 도달할 수 있게 되면서 세계는 점점 더 가까워졌다.

그다음 단계는 우주 정복이었다. 정확히 말하면 해수면에서 370킬로미터 높이에 국제우주정거장International Space Station, ISS을 건설한 것이다.

2007년 우주 비행사 스콧 파라진스키는 우주선과 연결된 15미터 길이의 로봇 팔에 올라타 우주를 유영하면서 고장 난 태양열 전지판을 수리하는 위험한 임무를 해냈다.

> 배와 철도, 자동차로는 며칠에서 몇 주가 필요한 거리를
> 비행기로 몇 시간 내에 도달하게 되면서 세계는 더 가까워졌다

"한마디로 환상적입니다!"

그는 미국 휴스턴 미국항공우주국National Aeronautics and Space Administration, NASA 우주 통제 센터에 있는 다른 기술자들과 함께 환호성을 질렀다. 그 광경을 텔레비전으로 시청하던 전 세계인들은 우주 비행사 아래로 환하게 빛나는 지구를 볼 수 있었다.

지구가 거대한 거미 한 마리라고 가정해 보자. 이 거미가 마르틴 베하임이 지구의를 만들었던 시대 이후로 생겨난 교통로를 거미줄로 계속 연결했다면, 지구는 시커먼 거미줄로 온통 뒤덮여 우주 비행사가 있던 곳에서는 단 1센티미터도 그 모습을 볼 수 없었을 것이다. 지구의 교통망이 깊은 해저에서부터 인공위성과 우주선 궤도에 이르기까지 촘촘하게 연결되었기 때문이다.

다행히 그런 거미는 없다. 그러나 눈에 보이거나 보이지 않는 교통로는 무수히 많이 존재한다. 또 모든 것이 신속하게 이루어지고 있다. 시간이 돈이기 때문이다. 이동성, 신속성, 유연성은 세계화된 세상의 가장 큰 특징이다.

세계화라는 그물망

세계화는 콜럼버스가 바하마 제도에 상륙한 날로부터 단계적으로 진행되었다. 사소한 일들이 예상 외로 큰 파급효과를 불러왔고, 지구에는 점점 더 많은 교통망이 생겨났다. 유럽 정복자들은 원주민들을 억압하면서 막대한 부를 얻었다. 기술은 눈부시게 발전해 사회를 크게 변화시켰다. 자신이 사는 땅에서 나는 것에 의존해 살았던 사람들의 삶과 노동 세계 역시 기술혁명 속에서 변화했다. 또 그러한 변화는 교통수단과 경제성장의 빠른 발달 속도와 맞추어 점점 더 가속화되었다. 많은 사람들이 자기 자신과 가족을 위해 새로운 미래를 찾아 떠나면서 대규모 해외 이민 행렬도 생겨났다.

그러다가 20세기에 들어와 세계는 두 번의 큰 전쟁으로 심하게 흔들렸다. 1945년 제2차 세계대전이 끝나고 냉전에 들어가면서, 자본주의 체제의 서방 연합국과 공산주의 체제의 동유럽권 나라들은 서로 팽팽하게 맞섰다. 그래서 20세기 중반까지는 누구도 세계화에 대해 언급하지 못했다. 기껏해야 동서 간의 위협과 공격, 전쟁, 정복에 대해서나 말할 수 있을 뿐이었다.

이런 상황은 20세기 후반에 들어서면서 점차 바뀌기 시작했다. 1990년대가 시작되면서 정치 영역에서 큰 변화가 일어났기 때문이다. 서독과 동독으로 갈렸던 독일이 통일되면서 정치 지형은 완전히 바뀌었다. 동유럽의 공산주의 블록이 무너졌고, 유럽연합Euro-pean Union, EU이 확대되었다. 이로써 국경을 넘어 경제성장으로 향하는 빠른 길이 활짝 열렸다.

이제 세계화는 그야말로 터보 엔진을 장착한 격이 되었다. 물자 교류와 자본의 흐름이 매우 자유로워졌고, 소통을 방해하는 경계와 장애물도 사라졌다. 지난 20년 사이 우리의 노동 세계와 일상생활은 역사상 그 어느 때보다 빠르게 변화했다. 전 세계가 마치 서로 손잡고 일하는 것처럼 보이고, 각 나라의 정부와 기업, 은행 들은 항상 긴밀한 관계를 유지하고 있다. 이제는 누구도 세계화된 세상에서 빠져나올 수가 없다. 모두가 세계화라는 그물망의 한 부분이 되어 다른 사람과 화합하고, 서로가 서로에게 의존해 있다.

세계를 떠돌며 만들어지는 상품

청바지의 세계 여행

삶은 더 풍요로워지고 다양해졌다. 세계 여러 나라 사람들, 그중에서도 잘사는 나라 사람들은 많은 것이 예전보다 긍정적으로 변했다고 생각한다. 그들은 세계 여러 나라에서 들어오는 다양한 종류의 제품을 살 수 있다. 사시사철 신선한 과일과 채소를 먹을 수 있고, 아르헨티나산 소고기와 뉴질랜드산 양고기, 미국 캘리포니아와 남아프리카, 유럽에서 들여온 포도주를 값싸게 즐길 수도 있다. 전자 제품과 장난감, DVD, 음악, 옷도 헤아릴 수 없이 다양하다. 그러나 우리는 매일 구입하는 그 많은 상품이 어디서 오는지에 대해서는 별 관심이 없다.

레온은 생일날 받은 용돈으로 새 청바지를 사려고 상점에 갔다. 상점에서는 레온이 좋아하는 록 밴드가 부르는 최신 히트 곡이 흘러나오고 있었다. 레온은 곧장 자기가 원하는 청바지가 있는 곳으로 향했다. 어떤 스타일을 고를지는 이미 정해 두었다. 너무 밝은 것보다는 짙은 청색이 좋고, 너무 빈티지한 디자인은 아닌 것으로 말이다. 레온은 옷걸이에 걸린 청바지 두 벌을 꺼내 탈의실로 들어가 입어 보았다.

여기에 흥미로운 사실이 있다. 레온이 손쉽게 고른 이 청바지가 상점에 걸리기까지는 수개월간 수천 킬로미터를 지나는 긴 여행을 거친다는 점이다.

예를 들면, 다음과 같은 과정이다. 우선 청바지의 원료인 면은 미국 남부(그리스, 시리아, 우즈베키스탄에서 들여온 것일 수도 있다.)에서 들여와 이탈리아에서 전형적인 데님 천으로 직조되었다. 직조된 천은 이탈리아의 한 염색 공장에서 인디고 블루(검정에 가까운 어두운 파랑) 색으로 염색 과정을 거친다. 그사이 독일 남부에 있는 청바지 회사의 디자인 팀에서는 재단 작업이 이루어지고, 단추와 라벨, 재봉실이 생산된다. 같은 시각 벨기에에서는 수천 개의 지퍼가 다양한 크기로 만들어지고, 프랑스에서는 주머니용 안감이 만들어진다.

이제 남은 과정은 무엇일까? 이 모든 부품이 어딘가에서 모여 하나의 바지로 완성되어야 한다. 그 일은 독일 남부에 있는 청바지 회사가 지휘한다. 청바지 회사는 데님 천을 재단한 다음, 장신구와 단추를 포함한 모든 부품을 북아프리카로 보낸다.

그러면 튀니지나 알제리에서 수백 명의 재봉사가 그것들을 한데 모아 순식간에 바느질한다. 그들은 그 대가로 시간당 약 2유로(Euro. 유럽연합의 단일 화폐단위로, 2013년 기준 1유로는 약 1,400원 내외이다.*)의 임금을 받는다. 아니면 정해진 시간 동안 일정한 개수를 완성하고, 완성한 개수에 따라 보수를 받는다.

이제 완성된 청바지는 아프리카에서 다시 유럽으로 보내진다. 이탈리아에 도착한 청바지는 마지막 손질을 거쳐 최종적인 형태를 갖추게 된다. 판매자들의 주문에 따라 돌과 함께 여러 번 청바지를 세탁하거나 사포로 문지른다. 또는 흰색 염료층을 얇게 입혀서 빨아도 탈색이 되지 않도록 한다. 마지막으로 거대한 오븐에 집어넣는다. 독자들은 깜짝 놀라겠지만 사실이다. 청바지를 고온에서 완전히 건조시키는 것이다. 이 모든 과정을 거친 뒤에야 청바지는 다시 독일 남부에 있는 원래의 회사로 보내진다. 그곳에서는 다시 모든 제품에 대한 검사가 이루어지고, 검사를 거친 제품들은 포장이 되어 판매처로 발송된다.

레온은 그렇게 긴 여행을 거친 청바지들 가운데 하나를 골라 100유로의 적지 않은 돈을 지불했다. 유명 브랜드의 제품이니 말이다.

그 옆에 있는 다른 청바지, 티셔츠 들도 중국 상하이나 인도 남부의 뭄바이에서 만들어졌을 가능성이 크다. 독일에서 완제품을 생산하는 경우는 매우 드물다. 유명한 거대 기업들은 생산 공장을 대부분 아시아나 아프리카로 옮겼기 때문이다.

청바지를 통해 본 이 과정은 세계화의 한 부분, 또는 중요한 상징이라고 할 수 있다. 최종 소비자가 상점에서 구입하는 상품들은 이처럼 세계 여러 나라를 두루 여행하는 생산과정을 거친다.

❝ 소비자가 상점에서 구입하는 상품들은
세계 여러 나라를 두루 여행하는 생산과정을 거친다 ❞

두 얼굴을 가진 분업

청바지 하나를 생산하는 데 그렇게까지 많은 시간과 노력을 들여 세계를 두루 거쳐야 한다면, 그것은 누구한테 이익이 되는 걸까? 청바지와 텔레비전, 컴퓨터가 20여 개 나라에서 각각 분리되어 생산된다면, 그 제품을 운반하는 데 들어가는 비용이 너무 커져 버리는 게 아닐까? 우리가 상점에서 구입하는 전동 칫솔 하나가 만들어지기까지 총 3만 킬로미터를 이동해야 하는 것은 운반비를 불필요하게 낭비하는 일이 아닐까? 또 북해(영국과 유럽 대륙에 둘러싸인 대서양 연해, 세계 3대 어장 중 하나)에서 잡은 새우를 냉동차에 실어 북아프리카로 보낸 다음, 거기서 껍질을 깐 뒤 다시 유럽의 도매상으로 보낸다면 운반에 들어가는 그 많은 비용을 다 지불하고도 충분한 이익을 낼 수 있을까?

세계화의 특징은 무엇보다 국경을 넘어서는 철저한 분업에 있다. 세계를 두루 거치는 이 유통 과정으로 돈을 벌지 못했다면 이런 일은 아예 일어나지 않을 것이다. 오늘날에는 다양한 기술적 가능성 덕분에 언제 어디서든 새로운 아이디어가 개발되고 제품이 생산될 수 있다. 이때 값싼 노동력이 있는 외국에서 상품을 생산하거나 가공할 때 드는 비용이 더 저렴한 경우에는 외국과의 분업이 이루어진다.

예를 들어 독일 프랑크푸르트에 있는 통신판매 회사가 독일 베를린에 사는 소비자에게 광고 전화를 건다고 할 때, 그 전화의 실제 발신지는 인도일 수도 있다. 통신판매 회사의 콜 센터가 인도에 있기 때문이다. 뿐만 아니라 이 회사가 광고하는 상품은 중국 상하이 공장에서 생산되며, 상품 발송은 덴마크 회사가 담당할 수도 있다.

이러한 분업은 많은 사람에게 이익을 주지만 모두에게 꼭 그런 것은 아니다. 분업의 과정이란 상품을 생산하는 데 드는 비용이 다른 곳보다 비싼 나라에서는 공장이 문을 닫는다는 것을 뜻하기 때문이다. 그 결과 생산 공장들이 값싼 노동력을 구할 수 있는 외국으로 대거 이전했다. 공장이 이전하자 기존의 많은 노동자들은 실업자가 되었다. 또 저임금을 받고 일하는 경쟁자들에 의해 노동시장에서 밀려나지 않기 위해서 더 적은 임금을 받고 일해야 하는 상황에 내몰리기도 했다.

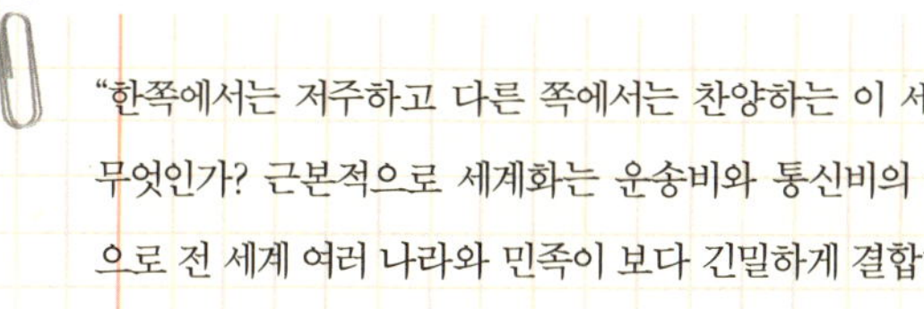

– 조지프 스티글리츠 Joseph Stiglitz, 노벨 경제학상 수상자, 《세계화와 그 불만》 중에서

더욱 저렴해지는 운송비

"세계화 과정은 통신, 정보, 운송 분야에서 이룩한 새로운 첨단 기술로 가속화되었다. 전 세계적인 데이터망과 위성통신, 컴퓨터로 돌아가는 물류 시스템, 고도로 발달한 교통수단 덕분에 기업은 자기에게 가장 유리한 생산지를 선택해 세계적인 상호 협력 속에서 생산 활동을 벌일 수 있게 되었다."

– 독일 디 차이트 출판사, 《차이트 백과사전》 중에서

독일의 베스트셀러 작가 프랑크 셰칭 Frank Schätzing 은 《미지의 우주에서 온 소식》에서 전 세계적인 분업을 가능하게 한 운송비 하락의 한 원인을 밝히고 있다. 셰칭에 따르면 그 비밀의 열쇠는 바로 컨테이너선의 어마어마한 규모에 있다. 컨테이너선은 앞으로도 더 길고 넓어질 전망이고, 거기에 실릴 각종 전자 제품과 자동차도 더 많아질 것이다.

1990년대 초 디스크맨 (일본 소니sony사에서 만든 휴대용 CD 플레이어*) 하나를 구입할 때 드는 운송비는 전체 금액의 약 10~12퍼센트였다. 그러나 오늘날은 운송비가 거기서 다시 10분의 1로 떨어졌다. 다시 말해 아시아에서 생산한 비슷한 전자 제품을 바다 건너 유럽으로 운반하는 비용은 한 개당 2달러에 불과한 것이다. 전문가들은 앞으

엄청난 규모의 컨테이너선들은 세계 곳곳으로 제품을 실어 나른다. 운송비 하락으로 거대 기업은 세계 어느 곳에서든 자유롭게 생산 활동을 벌일 수 있게 되었다.

로 운송비가 더 떨어질 것으로 전망하고 있다.

또 다른 예를 들어 보자. 양 사육을 전문으로 하는 아일랜드 사람들은 자신들이 키운 양을 먹는 대신에 뉴질랜드산 양고기 스테이크를 사 먹는다. 세계화되기 전처럼 국내에서 양들을 각 지역으로 싣고 가 시장에서 판매하는 것보다는 수입산을 이용하는 편이 더 싸기 때문이다. 대신에 최고급 특산품으로 만들어지는 아일랜드산 양고기는 냉동 상태로 컨테이너선에 실려 해외로 수출되어 더 많은 수익을 올린다.

스몰 월드

세계를 묶는 커뮤니케이션

세계의 네트워크화

"미국의 사회학자들은 설문 지원자들을 대상으로 이메일 전송에 대한 연구 조사를 실시했다. 그 결과 이름과 직업, 사는 곳만 알고 이메일 주소는 모르는 미지의 인물에게 보낸 이메일이 당사자에게 도달하기까지는 최대 여섯 단계가 필요하다는 사실을 확인했다. 연구에 참가한 사람들은 목표 인물에 보다 더 가까이 다가가 이메일을 효과적으로 전달할 수 있을 것으로 짐작되는 지인들에게 먼저 연락을 취했다. 가령 한 영국인은 이집트 카이로에 사는 자기 삼촌에게 이메일을 보냈다. 그러자 삼촌은 러시아 모스크바의 이집트 대사관에 근무하는 한 친구에게 이메일을 전달했다. 친구가 마침 시베리아 노보시비르스크에서 일하는 러시아 엔지니어를 알고 있었기 때문에 그 엔지니어에게 전달된 이메일은 곧바로 노보시비르스크대학교에 다니는 목표 인물인 베라에게 도착했다."

– 독일 베스트펠리셴 룬트풍크 방송 중에서

세계화는 세계에서 일어나는 경제 과정의 특징을 나타내는 개념으로 처음 사용되었으나 지금은 우리 생활의 다른 분야에까지 그 개념이 폭넓게 사용되고 있다. 대표적인 예가 통신 분야이다.

수 세기 전 사람들은 통신용 비둘기, 연기 신호, 전령 (명령을 전하는 사람), 우편 마차를 통해 소식을 전달했다. 그러다가 170년 전에 전신

50

이 발명되면서 통신은 비약적으로 발달했다. 전기신호가 한 전신국에서 다른 전신국으로 소식을 전달했고, 전보는 몇 시간 내에 수취인에게 도달했다. 편지와 소포도 철도나 더 나중에 발명된 비행기로 단 며칠이면 전달되었다.

그렇다면 오늘날은 어떨까? 전화는 이미 오래전에 발명되었고, 이제는 휴대전화가 있어서 거의 언제 어디서든 원하는 사람과 소식을 주고받을 수 있다. 전 세계에서 매일 수십억 건의 문자메시지와 수조 건에 이르는 이메일이 발송된다. 컴퓨터 앞에서 마우스만 클릭하면, 내가 쓴 편지는 분량에 관계없이 1초도 안 되는 사이 미국 뉴욕에 있는 친구에게 전송된다. 인터넷상에서는 서로가 아무리 멀리 떨어져 있어도 상관없다. 인터넷만 연결되어 있다면 이론적으로는 전 세계 사람 누구든 만날 수 있다.

생명도 구하는 국제 통신망

전 세계 통신망 구축은 게임이나 오락을 즐기는 데만 중요한 것이 아니다. 세계의 네트워크화와 신속하게 전달되는 소식은 인간의 생명도 구할 수 있다.

2002년 11월, 전염성이 매우 높고 치명적인 폐 질환을 유발하는

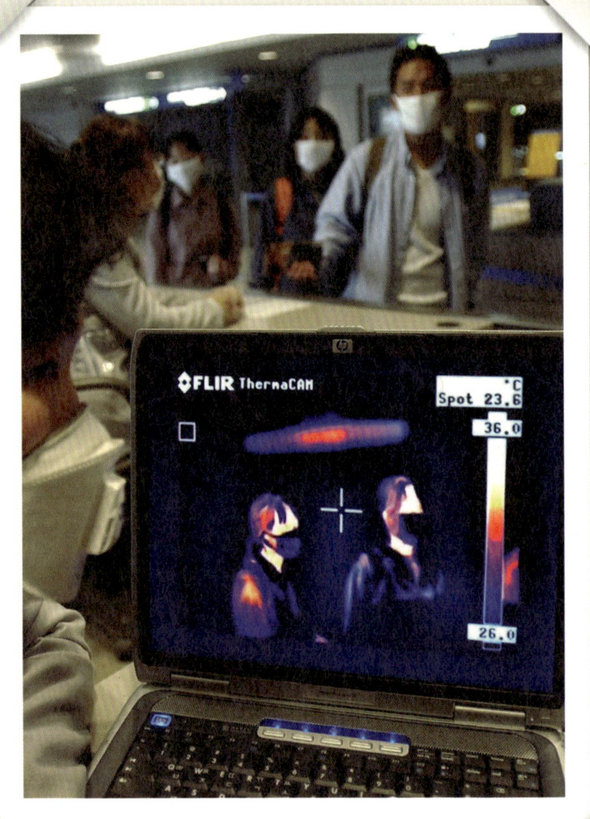

사스SARS가 발생하자 각 나라는 국제 통신망을 통해 정보를 신속하게 교환했다. 공항 검역과 예방 대책을 서둘러 마련했고, 세계적인 인명 피해를 막을 수 있었다.

사스(Severe Acute Respiratory Syndrome, SARS, 중증급성호흡기증후군)가 중국에서 발생했다. 그 직후 싱가포르, 캐나다 토론토, 독일 프랑크푸르트 등지에서도 연이어 사스 환자가 발생했다.

전문가들은 이 질병이 항공망을 통해 확산되었다는 사실을 즉시 알아냈다. 그들은 전 세계 500여 개 공항과 비행경로를 추적해 연구한 뒤, 그 자료를 토대로 이 질병의 다음 경로를 매우 정확히 예측했다. 또한 특별히 주의해서 방역 조치를 취해야 할 곳들을 알려 주어 예방 대책을 마련하도록 했다. 신속한 국제 통신망 덕분에 예방 대책은 큰 효과를 거두었고, 사스는 2003년 말부터 차츰 사라졌다.

각국 정부와 주요 국제단체들은 현대의 첨단 통신 기술 덕분에 중요한 사건에 대한 정보를 신속하게 교환해 그 대응책을 마련할 수 있게 되었다. 전염병뿐만 아니라 지진, 홍수, 기근이 발생했을 때에도 몇 시간 혹은 며칠 내로 재난 지역에 구호의 손길을 보낼 수 있게 된 것이다.

전 세계 학문 분야의 전문가들도 서로 자유롭게 소통할 수 있다. 국제 통신망 덕분에 미국 시카고에 있는 내과 의사가 온라인으로 독일 베를린 카리테대학 병원에 있는 환자의 병을 진단해 즉시 그에 필요한 조치를 취하게 할 수도 있다.

오늘날 세계화와 관련된 모든 부분에서 비판의 목소리가 점점 높아지고 있는 것은 사실이다. 그러나 세계화의 이러한 긍정적인 측면 또한 부정할 수 없다.

자유로운 인터넷 교류

속도는 세계화의 가장 뚜렷한 특징이다. 시간은 곧 돈이다. 그것을 가능하게 하는 것이 현대의 첨단 기술이다. 금융계에서는 마우스 클릭 한 번으로 몇 초 안에 수십억대의 자본이 세계 곳곳으로 흘러가고, 무역 회사들은 수천 톤의 컨테이너들을 목표 지점으로 이동시킬 수 있다. 매시간, 매일 변함없이. 회사 사장은 자기 회사가 어떤 나라의 북쪽에 있든 남쪽에 있든, 유럽에 있든 아시아에 있든 상관하지 않는다. 중요한 것은 인터넷과 뛰어난 교통망이다. 언제든 원자재를 받을 수 있고, 만든 제품을 신속하게 판매할 수만 있으면 된다.

개인들도 인터넷이 최고라고 입을 모은다. 인터넷이 없다면 어떻게 최신 음악을 다운받고, 오랫동안 보고 싶었던 영화를 볼 수 있을까? 또 옥션Aution이나 이베이eBay에서 경매를 통해 이런저런 물건을 구매하거나 저가 항공편을 구할 수 있을까?

젊은이들은 서로 대화를 하고 싶을 때 직접 만나지 않고 인터넷 통신과 휴대전화 문자메시지를 자주 이용한다. 이른바 소셜 네트

> 인터넷 소통에 열광하는 사람들은 인터넷만 연결되어 있으면
> 전 세계 사람과 소통할 수 있다고 말한다

워크(Social Network, 인터넷상에서의 인적 네트워크)의 구성원이 되기 위해서 집 밖으로 나갈 필요는 없다. 소셜 네트워크 서비스Social Network Service, SNS 시대를 처음 연 것으로 꼽히는 마이스페이스Myspace는 텔레비전 채널과 음악을 갖춘 온라인 플랫폼으로, 한때 2억 명 이상의 많은 회원을 보유하며 음악가들과 그 팬들 사이에서 인기를 끌었다. 가입자가 전 세계적으로 11억 명 (2013년 기준)을 넘어선 페이스북 Facebook에서는 친구들과 지인들이 서로 만나 이야기를 나누고, 관계를 가꾸고, 새로운 친구 관계를 넓힐 수 있다.

인터넷 소통에 열광하는 사람들은 인터넷만 연결되어 있으면 특정한 장소에 구애받지 않고 전 세계 사람과 대화하면서 다른 나라 사람들과 문화를 이해할 수 있다고 말한다. 반면 인터넷 소통에 반대하는 사람들은 그런 식의 소통은 너무 피상적이며, 결코 직접적인 만남을 대신할 수 없다고 주장한다.

동시에 전해지는 수많은 소식들

- 전 세계 70억 인구(2011년 기준)가 텔레비전이나 인터넷으로, 또는 현장에서 월드컵 결승전을 동시에 시청한다.
- 이집트 카이로에 있는 압달라는 미국 뉴욕에 있는 벤과 채팅

을 한다. 홍콩에 있는 샹리와 킴은 컴퓨터 앞에 앉아서 콜롬비아 보고타에 사는 미리얌과 대화를 나눈다. 그들은 채팅을 통해 알게 된 사이다.

- 독일의 한 방송국 뉴스에서는 15분 사이에 아프리카의 기근 상황과 이라크에서 일어난 폭탄 테러, 아프가니스탄에서 진행되고 있는 군사작전, 미국의 주식시장 폭락 소식을 모두 보도한다.

- 시베리아의 한티만시스크에 사는 세르게이는 컴퓨터 앞에 앉아 영국 맨체스터에 있는 제프리와 체스를 둔다. 매일 저녁, 전 세계 7천 명 이상이 즐기는 온라인 체스 '프리츠' 서버는 독일 함부르크에 있다.

멀리 있는 것을 본다는 말에서 탄생한 '텔레비전 Television'은 그 어원을 정확히 따져 보면 동시성과도 관련이 있다. 시청자들은 텔레비전 프로그램에서 보여 주는 많은 것들을 실시간으로 경험하게 되는데, 이 역시 세계화의 한 부분이다.

세상은 좁아졌고, 그런 세상을 나타내는 말로 '스몰 월드 Small World'라는 표현이 자주 사용된다. 우리는 텔레비전이나 컴퓨터 모니터 앞에 앉아서 아주 멀리 떨어진 지역에서 발생한 자연재해나 스포츠, 그 밖에 사람들의 마음을 움직이는 다양한 이벤트를 현장

동시에 수많은 소식들이 전해지면서 사람들은
대부분의 일에 무관심해진다. 이는 세계화의 또 다른 특징이다

에 있는 사람들과 똑같이 경험한다. 이처럼 함께 시청하고, 관찰하고, 경험하는 사람들은 현장에서 멀리 있거나 도달할 수 없는 곳에 있다는 느낌을 받지 않는다.

예전에는 세상 어딘가에서 무슨 일이 일어나면 전달되는 과정에 시간이 걸렸기 때문에 다른 곳에 있는 사람들은 그 소식을 한참 뒤에나 들을 수 있었다. 그러면 사건은 이미 지나간 일이 되어 있었다. 그래서 그런 소식들을 깊이 생각해 보고, 정신적으로 소화하고, 정리할 시간도 충분했다.

그러나 세계화 시대에는 그런 일이 점점 더 불가능해진다. 다양한 이벤트가 끊이지 않고, 시시각각 새로운 소식들이 전해지며, 뉴스는 각종 사건 사고를 쉴 새 없이 생중계한다. 그 때문에 어떤 일을

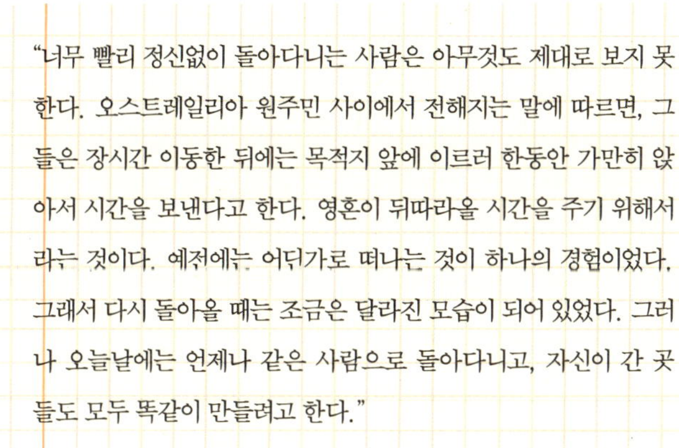

– 뤼디거 사프란스키, 《인간은 세계화를 어디까지 감당할 수 있을까?》 중에서

정신적으로 소화하거나 충분히 생각한다는 것이 이제는 거의 불가
능하다. 무엇을 보든 크게 신경 쓰지 않는다. 어차피 곧 지나갈 일이
기 때문이다. 모든 것이 너무 빠르게 지나가는 탓에 우리는 더 이상
그 속도를 따라가지 못한다. 이처럼 거리감이 사라지는 것은 세계
화의 또 다른 특징이다.

위기 공동체

세계화의 위협

위기 공동체

우리는 매일, 매시간 쏟아지는 뉴스 보도의 홍수 속에서 그 모든 소식과 정보를 제대로 소화하지 못하고 살아간다. 그런데 이러한 동시성은 사람들의 위기감을 한층 강화시키기도 한다.

그러한 위기감은 2001년 9월 11일, 미국 뉴욕에서 발생한 세계무역센터 쌍둥이 빌딩 테러에서 뚜렷하게 나타났다. 현지 시각으로 오전 9시경 승객을 가득 태운 비행기 두 대가 30분 간격으로 세계무역센터 쌍둥이 빌딩과 충돌했다. 충돌 여파로 잠시 후 건물이 우르르 무너져 내렸고 3,000명 이상이 목숨을 잃었다. 같은 날 세 번째 피랍 비행기는 워싱턴의 미국 국방부 청사 건물인 펜타곤Pentagon으로 돌진했고, 네 번째 피랍 비행기는 펜실베이니아 주의 들판으로 추락해 수많은 승객을 죽음으로 내몰았다. 이 테러 범죄는 이슬람 근본주의자들의 소행이었다.

전 세계는 뉴스 속보를 통해 이 테러 현장을 지켜보았다. 그 광경을 지켜본 사람들이 느끼는 불안과 위기감은 빠르게 확산되었다. 이후에도 영국 런던과 스페인 마드리드 등지에서 민간인을 상대로 심각한 테러 공격이 일어났다.

이제 테러는 어딘가 멀리 떨어진 다른 나라의 이야기가 아니라 우리가 사는 곳 어디서라도 일어날 수 있는 일이 되었다. 매일 출퇴

미국 경제를 상징하는 세계무역센터 쌍둥이 빌딩이 2001년 9월 11일 항공기 자살 테러로 무너져 내렸고, 전 세계는 충격에 휩싸였다.

근하는 사람들이 몰려드는 기차역 승강장이나 지하철역, 또는 전 세계 사람들이 오가는 공항 대기실이 그 표적이 될 수 있다.

미국을 비롯한 여러 나라는 범죄가 계획될 단계부터 범인을 색출하고, 테러를 방지하기 위해서 감시법을 강화하기로 했다. 이메일과 전화 통화 감시가 가능해졌고, 공항의 보안 검색 규정도 엄격해졌다. 정치인들은 정기적으로 기자회견을 열어 증가하고 있는 테러 위험을 경고했다.

그렇다면 이 모든 일도 세계화와 관련된 걸까? 아니면 과장된 안보 의식을 가진 소수가 위기감을 부추기는 걸까? 그것은 당연히 세계화와 상당히 관련되어 있다. 세계화된 대중매체를 통해 모든 것을 직접적으로 경험하게 되면서 사람들이 느끼는 위기감이 더 커졌기 때문이다.

전쟁과 테러, 빈곤과 난민 행렬은 더 이상 멀리서 벌어지는 일이 아니고, 우리 모두의 삶과 관련되어 있다. 세계화되고, 더 빨라지고, 더 발전된 기술로 무장한 세상에서는 다양하고 은밀한 방법으로 소통하는 테러리스트들의 테러 공격이 예전보다 쉽게 성공할 수 있다. 그들은 세계 어느 곳이든 장소를 가리지 않는다. 바로 우리 집 앞이 될 수도 있다. 전에는 안전하다고 믿었던 곳조차 거침없이 돌아가는 폭력의 수레바퀴 속으로 빨려 들어가 버린 것이다.

따라서 자신의 일상생활이 점점 더 위협받고 있다고 느끼는 사람들의 위기 공동체가 나날이 커지고 있는 상황이라고 할 수 있다. 정치는 그러한 상황 변화에 적극적으로 대응한다. 지금까지 경제협력에 중점을 두었던 수많은 국제회의에서는 이제 전염병, 테러, 기후변화 등 세계화로 인한 여러 위기에 대해 활발하게 논의하고 있다.

기후와 환경

요즘은 어느 신문을 보건 거의 매일 기후와 환경에 관한 기사를 읽을 수 있다. 조금 과장해서 정리하자면, 모든 기사가 말하고자 하는 메시지는 분명하다. 이대로 가다가는 인류가 곧 멸망한다는 것이다. 삶의 터전인 지구를 인류 스스로 파괴하고 있기 때문이다. 인류에게 남은 길은 이제 두 가지로 보인다. 지구가 더 이상 사람이 살수 없는 곳으로 변해 인류가 멸망하거나 유명한 물리학자 스티븐 호킹Stephen Hawking이 생존 전략으로 제시한 것처럼 다른 행성으로 이주하는 것이다.

"2050년이면 북극 얼음이 사라지고, 남극 기온이 3.6도 오른다."

"한반도 전역이 무더위로 신음한다."

"환경오염으로 수백만 명 사망!"

"다음에는 독일 라인 강에 악어들이 나타날까?"

"알프스 티롤 산악 지대에 산사태 발생!"

"인도네시아 발리에서 개최된 기후 회의의 빈약한 성과"

"100년 안에 지중해가 말라 버린다."

이러한 광경이 단순히 공포 영화 속 장면에 불과할까? 꼭 그렇지는 않다. 추위와 우주에서 날아오는 치명적인 광선으로부터 지구를 보호해 주는 대기는 아주 부드러운 가스층으로 이루어져 있다. 그런데 우리를 보호해 주는 이 대기권이 점점 제 기능을 잃고 있다. 산업화가 빠르게 진행된 150년 전부터 각종 화학물질과 화석연료를 많이 사용해 왔기 때문이다. 지구 대기권에는 지난 수십 년 동안 화석연료에서 발생한 이산화탄소가 떠돌아다니고 있다. 오늘날 수많은 자동차가 도로 위를 달리고, 산업이 발달하면서 그 양은 더욱 크게 늘어났는데, 문제는 그것이 무한한 우주 공간으로 쉽게 빠져나갈 수 있는 것이 아니라는 데 있다.

이산화탄소는 온실가스(지구 대기를 오염시켜 온실효과를 일으키는 가스로, 지구 온난화의 주범이다.*) 중 하나로 지구의 대기에 더 많은 열을 저장하게 한다. 전문가들은 산업혁명 이후 대기 중에 배출된 이산화탄소의 양은 56퍼센트나 증가했고, 이미 대기권에서 수용할 수 있는 한계치에 이르렀다고 한다.

66 지구온난화는 엄청난 변화를 일으킬 수 있다.
홍수, 동식물의 멸종, 사막화 등은 그중 몇 가지 예에 불과하다 99

그 결과 공기 중에 포함된 이산화탄소가 대기권 밖으로 빠져나가지 못하면서 지구의 기온이 더 높아졌다. 과학자들은 지구의 온도가 조금만 올라가도 엄청난 변화를 일으킬 수 있다고 경고한다. 회오리바람과 홍수, 동식물의 멸종, 폭염으로 인한 수많은 사망자, 광대한 지역의 사막화 등은 그중 몇 가지 예에 불과하다.

언젠가 어느 한 곳에서 일어난 작은 나비의 날갯짓이 지구 반대편에 회오리바람을 일으켰다.

언젠가 어느 곳에서 누군가가 세계를 에워싼 거대한 그물망을 훼손했고, 그것이 오늘날까지 지구의 전혀 다른 곳에 영향을 미치고 있다.

언젠가 어디인가에 처음 설립된 발전소들이 배기가스를 정화하지 않은 채 대기로 배출했다. 그것은 지난 수십 년 동안 자동차와 에어컨, 전 세계에 대규모로 등장한 수많은 오염원에서 나온 유해물질과 함께 오늘날까지 대기권에 퍼져 있다.

이처럼 세계화는 기후와 환경에 직접적인 영향을 준다. 이 같은 사실은 특히 많은 사람이 모여 사는 산업화된 지역에서 두드러지게 나타난다. 예를 들어 아시아와 라틴아메리카, 아프리카의 거대도시들은 심한 오염으로 질식할 지경에 놓여 있다. 중국 상하이, 인도네

시아 자카르타, 브라질 상파울루, 멕시코 멕시코시티 등은 대기오
염으로 인한 스모그가 매우 심각하다. 거리는 수많은 자동차와 화
물차, 오토바이로 꽉 막혀 있다. 부자들은 호화 빌라를 짓기 위해,
빈곤층은 살 집을 마련하기 위해 주변 지역의 숲을 점점 더 훼손한
다. 숲이 사라지면서 스모그는 더 악화되고, 이제 사람들은 마스크
를 착용해야 거리를 돌아다닐 수 있다.

강과 바다는 오염되고, 쓰레기 매립지는 날로 늘어난다. 화학비
료 사용도 증가했다. 선진국들의 에너지 낭비도 좀처럼 멈추지 않
는다. 육류 생산 규모는 계속 커지고, 흙과 물, 얼음 속으로 스며드
는 유해 물질도 점점 더 많아진다. 이런 추세가 계속된다면 앞으로
얼마나 끔찍한 일들이 벌어질지 충분히 상상할 수 있을 것이다.

성장의 한계

세계화라는 말이 사용되기 훨씬 이전인 1968년, 세계 각국의
지식인과 기업인 70명이 이탈리아 로마에 모여 '로마 클럽 Club of
Rome'을 결성했다. 인류의 위기를 분석하고 그 대책을 세우는 것이
로마 클럽의 목적이었다. 그로부터 3년 뒤 이들은 미국 매사추세츠
공과대학교 MIT 와 공동 연구한 결과를 바탕으로 세계적인 베스트셀

러 《성장의 한계 The Limits to Growth》를 발표했다.

이 책이 전하는 메시지는 간단명료하다. 우리 지구에 매장된 자원(석탄, 석유, 가스)은 유한하고, 유해 물질을 감당할 수 있는 능력도 제한되어 있다. 그런데 그 한계를 넘어선다면, 다시 말해 오늘날처럼 지구의 자원을 너무 많이 채취해 사용한다면, 또 각종 폐기물과 유해 물질로 지구를 무분별하게 오염시킨다면, 인류의 문명이 파괴된다는 것이다.

로마 클럽은 많은 비판과 조롱을 받았다. 로마 클럽의 지식인들이 모든 것을 너무 비관적으로만 본다는 것이었다. 경제는 대성황을 이루었고, 인간의 삶 역시 적어도 선진국에서는 점점 더 나아지고 있다는 게 당시 많은 사람들의 주장이었다.

그러나 국제연합United Nations, UN이 발표한 최근 환경 보고서를 보면, 기후 문제에 관한 한 지구는 이미 일정한 한계를 넘어섰고, 기후변화를 더 이상 되돌릴 수 없는 상황에 이르렀다는 사실을 알 수 있다. 로마 클럽의 경고가 옳았던 걸까? 많은 학자들이 그렇다고 확신한다. 이제는 세계 각국의 정부도 기후변화에 대응하기 위해 보다 강력한 조치를 마련하고 있다.

글로벌 플레이어

세계를 무대로 하는
기업

글로벌 플레이어

성서 Bible 와 코란 Koran 의 뒤를 이어 세상에서 가장 많이 읽히는 책은 무엇일까? 힌트를 하나 주자면, 이 책은 매년 36개국 27개 언어로 2억 1,000만 (2012년 기준) 권이 출간되어 우편으로 세계 여러 나라 가정에 무료로 배달된다. 이 책은 과연 무엇일까? 정답은 스웨덴 가구 회사 이케아 IKEA 가 만드는 카탈로그이다. 독일 주간지 〈슈테른 Stern〉은 이케아의 창업자에 대해 이렇게 썼다.

"이케아, 한 남자가 세상을 가구로 꾸미다."

경제에서는 이케아의 경우처럼 전 세계를 무대로 활동하는 기업을 '글로벌 플레이어 Global player'라고 한다.

이처럼 세계 각지에 서로 긴밀하게 결합된 여러 회사와 생산 공장을 두고 국제적 규모로 활동하는 기업을 세계기업, 다국적기업, 또는 글로벌 플레이어라고 부른다. 보통 주축이 되는 모회사가 있으며, 세계 여러 나라에 많은 자회사를 거느리고 있다. 이들 기업은 이익을 창출하기 가장 좋은 가능성을 가진 곳에 입지를 정한다. 임금이 낮은 곳은 어디이고, 세금 조건이 유리한 곳은 어디인지 꼼꼼하게 따진다. 세계기업들은 막강한 경제 권력을 갖고 있기 때문에 이 기업들이 자리 잡고 있는 나라의 정치적 결정에도 상당한 영향을 미친다. 몇몇 기업의 1년 총매출액은 한 나라의 국내총생산에 버

스웨덴 가구 회사인 이케아 IKEA는 매년 27개 언어로 제품 카탈로그를 발행해 전 세계에 배달한다. 이처럼 전 세계를 대상으로 활동하는 기업을 글로벌 플레이어 Global player라고 한다.

다국적기업은 막강한 경제 권력을 휘두른다.
몇몇 기업의 총매출액은 한 나라의 국내총생산에 버금갈 정도이다

금갈 정도이다.

이러한 다국적기업 둘 중 하나는 미국에 본거지를 두고 있다. 직원 200만 명(2013년 기준)을 거느린 월마트Walmart는 세계에서 가장 많은 노동자를 고용한 기업으로, 그 수에서 이미 다른 다국적기업들을 훨씬 능가한다. 그다음은 약 180만 명(2013년 기준)의 직원을 거느린 맥도널드McDonald's이다.

가상의 도시 비스에크의 운명

한 대형 잡지사의 기자가 카메라맨과 함께 독일 라인 강 유역의 소도시 비스에크로 향했다. 카메라맨은 도시 외곽에 자리 잡은 공장 부지를 찍었다. 커다란 공장 건물은 텅 비어 있고, 4층으로 된 관리부서 건물도 비어 있다. 이곳은 쾰른에 독일 본사가 있는 자우터 앤 코흐Sauter & Koch 회사의 생산 공장으로, 이 회사는 세계적인 자동차 회사에 부품을 조달하는 대규모 납품업체 중 한 곳이었다. 기자는 이 공장이 있는 비스에크의 시장을 만나 인터뷰했다.

"이 회사는 대형 차량의 완충 장치와 스프링 장치를 생산했습니다. 그런데 생산 공장을 임금이 싼 외국으로 옮긴 뒤부터 우리 시는 완전히 활기를 잃었죠. 이곳 주민들의 절반 이상이 자우터 앤 코흐에서 일했는데, 현재는 주민 대부분이 몹시 참담한 상황에 처해 있습니다. 이 지역에서는 새 일자리를 찾기가 어려우니까요."

시장은 기자와 카메라맨을 창가로 데려갔다. 시장 광장이 훤히 내려다보였다.

"저기 건너편에 있던 레스토랑 두 곳은 문을 닫았고, 이쪽 광장에 있는 저 상점들도 더는 버티지 못할 겁니다. 사람들이 물건을 살 돈이 없으니까요. 실내 체육관을 새로 건립할 계획도 취소했습니다. 실업학교도 수리해야 하는데 예산이 없는 실정입니다. 자우터 앤 코흐가 문을 닫은 뒤로 영업세를 거두지 못하니까 시 재정이 심각한 타격을 받은 것입니다. 방금 세계화라고 하셨습니까? 세계화는 적어도 우리 시에는 그리 좋은 영향을 주지 않았습니다. 다행히도 현재 우리 시의회는 두세 군데 중소기업이 신청한 영업 허가권을 심사하고 있습니다. 그중 한 곳은 원예용품을 생산하는 네덜란드의 통신판매 회사이고, 또 다른 곳은 자우터 앤 코흐의 사무실 건물을 인수하려는 소프트웨어 회사입니다."

기자는 공장에서 일했던 노동자들과 상인들도 만나 인터뷰했고, 카메라맨은 텅 빈 레스토랑을 촬영했다. 주민들은 대부분 미래가 불안하다는 이야기를 했다. 금속 전문공이었던 한 50세 남성은 공장이 문을 닫은 뒤 70여 곳이 넘는 회사에 이력서를 제출했지만 일자리를 얻을 수 없었다. 그는 아예 다시 취직할 희망을 접었다고 허탈해했다. 그보다 젊은 사람들 중 몇몇은 새 일자리를 찾았고, 또 다른 젊은이들은 직업 재교육을 받고 있다.

기자가 테이크아웃 카페에서 만난 젊은 택배 회사 직원에게 말을 걸자 그는 이렇게 말했다.

"여기 사람들은 모든 것을 너무 부정적으로 생각하고 불길한 말만 합니다. 평생 그런 지저분하고 시끄러운 공장에서 중노동하면서 보낼 생각 말고 뭔가 다른 일을 찾아볼 수도 있을 텐데 말입니다. 물론 한동안은 생활이 어려울 겁니다. 하지만 우리가 사는 곳은 경치가 매우 아름답습니다. 이곳을 관광지로 만들어 보는 것도 괜찮지 않겠습니까? 지금까지는 그런 생각을 하는 사람이 아무도 없는 것 같습니다. 앞으로 우리 시는 변하겠지만 그것이 꼭 나쁜 것만은 아니라고 생각합니다."

비스에크 주민들은 자우터 앤 코흐가 한 글로벌 플레이어의 자회사라는 사실을 잘 모른다. 어느 날 회사의 간부 회의에서 다음과 같은 일이 있었다.

"독일은 인건비가 너무 비쌉니다. 뭔가 다른 해결책을 찾아야겠습니다."

이 회의에서 이사장 데니스 빈터가 말했다. 그는 자우터 앤 코흐의 모기업인 국제 케미컬 그룹ICGH의 독일 지사장이다.

"비스에크에서 생산된 제품에 대해서는 지금까지 클레임(무역 거래에서 계약 위반에 해당하는 문제가 생겼을 때 손해배상이나 이의를 제기하는 것*)이 걸린 적이 한 번도 없었다는 점을 말씀드리고 싶습니다."

생산 책임자인 카를 프뤼발트가 신중하게 말했다.

"맞는 말씀입니다. 비스에크 직원들은 문제를 일으킨 적이 없었어요. 그에 반해 불가리아 파트너는 아주 골치가 아파요. 소피아에서 만든 제품들은 품질이 훨씬 떨어져서 독일과 폴란드에서 생산된 화물차들과는 비교가 안 돼요."

품질관리 책임자이자 국제 케미컬 그룹의 이사인 요한나 마이가 말했다.

빈터 이사장은 유럽 여러 나라의 임금 인상 추세가 기록된 도표를 꺼내 보였다.

"다들 옳은 말씀입니다. 하지만 시간당 30유로에 달하는 임금과 엄청난 세금을 생각하면 독일에서는 생산 비용이 너무 높습니다. 그에 반해 리투아니아는 임금이 시간당 2.5유로이고, 체코에서도 4.3유로에 불과합니다. 한마디로 독일에서는 생산비가 너무 비쌉니다."

"그렇다면 비스에크 시와 생산비 문제에 대해 다시 한번 협상해보는 것은 어떨까요?"

카를 프뤼발트가 제안했다.

"시간이 촉박해요. 지금 바로 결정해야 합니다. 그렇지 않으면

66 많은 기업이 생산비를 줄이기 위해 임금과 세금이 저렴한
동유럽과 아시아로 생산 시설을 이전하고 있다 99

경쟁자들에게 뒤처지게 됩니다."

빈터 이사장은 이미 여러 차례 논의되었던 이유들을 대면서 강하게 주장했다. 그가 말한 이유는 다음과 같다.

'독일 내 중소기업들도 서로 앞다투어 최적의 조건을 갖춘 아시아와 동유럽으로 생산 공장을 이전하고 있다. 이런 추세라면 곧 독일의 생산 공장 네 곳 중 한 곳이 외국에 자리 잡게 될 것이다. 독일은 벨기에, 덴마크와 함께 수익을 내기 어려운 고임금 국가이기 때문이다. 임금과 세금이 낮은 나라로 공장을 옮겨야만 기업은 이익을 낼 수 있다. 대다수 동유럽 노동자들이 그사이 숙련된 기술까지 갖추게 되었으니 기회를 놓치지 말고 비스에크 공장을 옮겨야 한다. 외국은 이미 독일의 지식수준을 따라잡고 있다.'

가상의 도시 비스에크에 있는 공장을 예로 살펴보았듯이 독일 내 많은 기업이 생산비가 저렴한 동유럽의 리투아니아, 폴란드, 헝가리, 루마니아 혹은 아시아로 생산 시설을 옮겼다.

물론 기업의 간부 회의에서는 생산 시설 이전으로 일자리를 잃게 될 노동자들, 기업과 함께 성장한 지방자치단체의 미래를 걱정하기도 한다. 그러나 그런 걱정은 대개 무시되는 것이 현실이다. 대다수 경영주의 모토는 이윤의 극대화이다. 독일과 독일 정치가 글로벌 플레이어가 원하는 조건들을 충족시키지 못하면, 기업은 거기에 계속 눌러앉기를 포기한다. 그렇게 기업이 떠나면 노동자들은 일자리를 잃게 되고, 지방자치단체의 세금 수입도 줄어든다. 글로벌 플레이어들은 기업이 잘 돌아가야만 국민경제가 활기를 띤다고 말한다. 그러면서 몇몇 정치인들은 아직까지도 그런 현실을 잘 모른다고 핀잔한다.

다국적기업에게 세계화란 전 세계 어느 나라에서든 자신들이 원하는 대로 투자하고 제품을 생산할 수 있는 가능성을 뜻한다. 이 기업들은 국가의 지나친 간섭이나 제약 없이 제품을 사고팔기를 원한다. 또 자본의 흐름은 어떠한 장애물이 없이 완전히 자유로워야 한다고 생각한다.

카라반 자본주의

가상의 도시 비스에크가 아니라도 독일 루르 지역에 있는 실제 도시의 예를 들어 이 상황을 살펴볼 수도 있다. 2008년 1월 중순, 독일의 모든 언론은 핀란드에 본사를 둔 휴대전화 업체 노키아Nokia가 높은 생산비를 이유로 독일 생산을 중단하겠다고 발표한 사실을 보도했다. 노키아가 휴대전화 생산 시설을 인건비가 저렴한 루마니아와 헝가리로 이전하기로 했기 때문이다. 독일 보훔 공장에 근무

하던 약 2,300명의 노동자는 하루아침에 실업 위기에 내몰렸다.

당시 슈타인브뤼크^{Steinbrück} 독일 재무장관은 기업의 사회적 책임 결여를 거론하면서 노키아를 '카라반(사막이나 초원에서 낙타 등에 짐을 싣고 이동하면서 특산물을 사고팔던 상인 집단. 여기서는 이익만을 좇아 세계 각지로 생산 시설을 이동하는 기업의 이기주의적 행태를 빗대어 쓴 말이다.*) 자본주의'라고 비판했다. 다른 정치인들도 기업들이 유리한 생산 조건들을 찾는 과정에서 그야말로 이동 서커스단처럼 공연을 하고 다닌다며 비판에 가세했다.

카라반 자본주의는 외국 기업뿐 아니라 몇몇 독일 기업에도 해당되었다. 예를 들면 세계적인 독일 자동차 기업 BMW와 다른 기업들도 생산 시설을 미국으로 옮겼다. 미국에서 자동차 한 대를 생산하는 비용이 독일보다 25퍼센트나 저렴하기 때문이다. 독일 정부는 기업들이 인건비와 세금이 싸고, 기업 활동을 방해하는 관료주의가 덜한 나라를 찾아 떠나는 것을 막기 위해 생산 시설이 들어선 지역을 후원하는 대책을 마련했다. 또 독일로 들어오는 외국 기업에 대해서는 지원금도 제공하기로 했다.

그 결과 동유럽이 전환기를 맞이한 1990년 이후 많은 회사가 독일로 들어왔다. 이를 본 경제 전문가들은 독일을 세계화의 승리자라고 말했다. 독일은 수출 세계 챔피언이 되었고, 특히 자동차와 기계를 전 세계로 수출해 막대한 돈을 벌어들였다.

그러나 가상의 도시 비스에크나 보훔의 예에서 살펴보았듯이 많

노키아Nokia는 높은 생산비를 이유로 독일 보훔 공장을 폐쇄하고, 루마니아로 생산 공장을 이전했다. 이로써 독일 노동자 2,300명은 하루아침에 일자리를 잃었다.

은 회사가 다시 독일을 떠났다. 이제 이런 의문이 든다. 이 일은 누구에게 이익이고 누구에게 손해가 되었을까? 공장 이전을 경험한 독일 보훔의 주민들은 그 답을 분명히 안다. 루마니아 클루지 주민들 또한 분명히 말할 수 있다. 노키아의 휴대전화 생산 공장이 이전됨으로써 이후 몇 년 동안 1만 명 이상의 루마니아 사람들이 직업을 얻었으니 말이다.

다른 한편으로 루마니아에 들어설 공장 건물을 지은 것은 독일의 건설 회사였다. 이 회사는 4,000만 유로가 투입되는 이 건설 계획에서 최종 낙찰을 받았고, 그로써 또 다른 노동자들의 일자리를 확보했다. 반면 독일 정부는 보훔 공장의 폐쇄로 세금 수입이 줄어들었고, 새로운 일자리를 찾지 못한 실업자들에게도 상당한 금액의 실업수당을 지불해야 했다.

이처럼 세계화 시대에 거대 기업들은 세계 어디서나 사업 활동을 벌일 수 있다. 그 과정에서 누군가는 손해를 보고, 다른 누군가는 이익을 얻는다.

전세계 금융시장의 네트워크화

"미국이 재채기하면 세계는 감기에 걸린다"

이 말은 오늘날 세계화된 금융시장에서 흔히 쓰인다. 어떻게 그런 일이 일어나는 걸까?

미국 버지니아에 사는 코널리 씨는 자신이 거래하는 미국의 한 은행에서 매우 좋은 조건으로 대출을 받아 집을 장만했다. 다른 많은 미국인들도 이자가 저렴한 신용 대출을 받아 내 집 마련에 성공했다. 2001년 9월 11일 세계무역센터 테러 공격 이후, 경제가 나빠지자 미국 정부가 건설 경기 붐을 일으켜 경제를 회복시키는 정책을 폈기 때문이었다. 잠시 동안은 미국 정부의 계획대로 일이 돌아가는 것처럼 보였다. 그러나 곧 대출이자가 오르기 시작했다.

대출이자는 빌린 돈에 대해 지불하는 대가로, 일반 상품과 마찬가지로 수요가 많으면 그 값도 올라간다. 대출이자가 오르자 많은 사람이 돈을 갚지 못하는 상황이 벌어졌다. 그 결과 사람들은 집을 다시 팔거나 강제경매로 빼앗길 수밖에 없었다.

대출을 해 준 은행과 금융 투자자들도 돈을 갚지 못하는 사람들 때문에 어려움에 빠졌다. 그들은 수백만 미국인들에게서 사들인 담보물을 주식시장에서 거래하려고 했지만 현금으로 바꿀 수가 없었다. 대출이자를 갚지 못해 팔려고 내놓거나 경매에 나온 집들이 너무 많다 보니 집값이 계속 떨어지는 것은 물론 팔리지도 않았던 것

세계화된 금융시장에서 그 중심인 미국의 경제가 흔들리면
다른 나라의 경제에도 큰 문제가 발생할 수 있다

이다. 부동산 시장은 위축되었고, 주식시장에서도 부동산 주식은 더 이상 가치가 없어졌다.

미국에서 생겨난 이 위기는 전 세계로 파급되어 지금까지도 영향을 미치고 있다. 그 이유는 전 세계 은행들이 서로 복잡하게 결합되어 있기 때문이다. 많은 은행이 다른 은행에서, 가령 유럽 은행은 미국 은행에서 돈을 빌린다. 그래서 미국에서 문제가 발생하면 이자가 오르고, 미국의 한 회사가 흔들리면 영국이나 독일의 금융계에도 큰 문제가 발생할 수 있다. 더욱이 유럽의 은행들도 미국의 부동산 주식에 투자를 했다. 그 결과 2008년 1월 21일, 전 세계 주식시장의 주가가 동시에 떨어졌다. 이날 주식시장 폭락으로 하루아침에 수십억 달러의 손실이 발생했다. 전 세계 뉴스들은 그 원인이 미국의 부동산 시장 위기로 촉발된 '세계화 효과'라고 입을 모았다.

어떤 사람들은 미국이 단순히 재채기를 한 것이 아니라 폐렴에 걸린 것이라고 비유하기도 했다.

"유가증권, 금전 및 외환 거래, 신용거래 등 금융시장에서도 세계화가 폭넓게 발전했다. 세계 여러 나라의 자유화와 규제 완화 조치, 그와 결합된 자유로운 자본 이동으로 국내외 자본시장의 경계 역시 무너져 내렸다."

– 독일 디 차이트 출판사, 《차이트 백과사전》 중에서

미국 뉴욕증권거래소New York Stock Exchange, NYSE는 2008년 세계
금융 위기의 진원지였다. 미국 자본주의의 상징인 이곳은 오늘날
세계경제를 휘두르고 있다.

단기간에 고수익을 꿈꾼 카머스 부부

카머스 부부는 1만 유로를 상속받았다. 은행 이자가 너무 낮아서 부부는 이 돈을 은행에 예금하고 싶지는 않았다. 그때 한 지인이 어떤 회사의 주식에 투자하라고 조언했다. 이 회사 경영진이 세계화의 요구에 신속하게 대응하고 있기 때문에 많은 수익을 올릴 수 있을 거라는 이유에서였다. 신문 경제란에도 그 회사의 주식에 투자하면 1년에 최소한 10퍼센트의 이자를 받을 수 있으리라는 예측 보도가 나왔다. 그렇다면 매년 1천 유로의 수익을 올리는 셈이었다. 카머스 부부는 유혹을 이기지 못하고 그 회사의 주식을 샀다. 주식 투자로 돈을 벌려고 하는 다른 많은 사람들도 그들 부부처럼 주식을 샀다.

일이 아주 잘 풀리는 경우라면 주가가 올라서 1년에 10퍼센트의 수익을 올릴 수 있다. 많은 사람이 그런 방식으로 돈을 벌긴 했다. 그러나 또 다른 사람들은 손해를 보았다. 상황이 좋지 않은 경우에는 투자한 회사의 실적이 떨어지면서 주가도 함께 떨어지기 때문이다. 그러면 모든 투자자들이 한꺼번에 주식을 팔려고 내놓게 되고, 그것이 다시 주가를 더 떨어뜨리는 결과를 가져온다. 최악의 경우 투자자는 원래 투자한 금액을 모두 잃게 된다.

수백만, 수십억 유로 혹은 달러의 자본이 강물처럼 전 세계로 흘러 다닌다고 생각해 보자. 이러한 자본의 흐름을 막을 수 있는 경계는 거의 없다. 그래서 사람들은 자본의 흐름이 예측 불가능하고, 어떤 때는 비정하다고까지 말한다. 거대 금융회사의 경영자들과 막대한 자본을 가진 투자회사들은 이익을 좇아 마우스를 클릭하면서 그 흐름을 조절한다. 그들은 자기 돈으로 기업과 아파트 단지, 도시 한 구역 전체, 백화점, 레저 시설 등을 사들였다가 나중에 이익을 내고 되판다.

카머스 부부의 예처럼 이들이 항상 생각하는 것도 단 한 가지뿐이다. 은행에 맡겨서 겨우 1~2퍼센트의 이자를 받는 대신 더 많은 돈을 벌 수 있는 곳이 어디일까? 어떻게 하면 최단기간 내에 최대한의 수익을 올릴 수 있을까? 이것은 수많은 투자자가 맡긴 돈을 불려야 하는 금융회사와 투자회사가 매일 고민하는 일이다.

눈물을 머금고 회사를 넘기는 기업인들

독일의 민영 텔레비전 방송국 '프로지벤ProSieben'과 '자트 아인스SAT 1'는 전 세계를 무대로 기업을 매매하는 금융회사 '퍼미라Permira'에 인수되었다. 세계적으로 유명한 패션 브랜드 '휴고 보스

Hugo Boss'와 냉동식품 업체 '이글로Iglo'도 퍼미라에 속해 있다. 이 투자회사의 원칙은 언제나 같다. 일단 어려움에 빠져 있는 회사들을 주시한다. 예를 들어 앞에서 말한 민영 방송국들은 유료 시청자와 광고 수익이 줄면서 위기를 맞고 있었다. 투자회사들은 이렇게 위기에 빠진 회사들을 헐값에 매각해 회생 절차를 거치게 한다.

여기서 회생이라는 말은 노동자와 직원들이 해고된다는 뜻을 포함하고 있다. 세입자들은 오른 집세를 더 이상 감당하지 못해 쫓겨나고, 전체 회사는 개별 분야로 쪼개져 매각된다.

독일 라이프치히에서는 도시 한 구역 전체가 매각되기도 했다. 더 많은 이익을 낸다는 이유에서 임대주택이 있던 곳에 개인 주택이 들어서게 되었기 때문이다. 투자자들은 거기서 수십 년 동안 살았던 사람들의 앞날에 대해서는 신경 쓰지 않았다. 그들은 집세를 올리거나 강제로 집을 철거하는 등 갖가지 고약한 방법을 동원해 예전 세입자들을 몰아냈다. 오직 자신들의 이윤 극대화가 최고의 원칙이고, 다른 사람들의 손해와 이익은 관점의 문제이기 때문이다.

"저는 몇몇 기업인이 계약서에 서명을 하면서 우는 모습을 보았습니다."

퍼미라의 사장이었던 토마스 크렌츠가 2007년 한 신문과의 인터뷰에서 한 말이다. 옛날 방식으로 회사를 운영하는 기업인들은 자기 회사와 수년, 또는 수십 년 동안 거느렸던 자기 직원들에 대한 애

COMPA
Sell your Company!
$

투자회사는 위기에 빠진 회사들을 매각해 회생 절차를 거치게 한다.
이 과정에서 많은 노동자들이 해고된다

착이 강하다. 어떤 회사는 몇 세대에 걸쳐 한 가족이 소유한 경우도 있다. 그런데 몇 주나 몇 달 만에 갑자기 모든 것이 바뀌고 무너져 버린다.

이 책의 서두에서 말한 비유를 떠올리자면, 어딘가에서 있었던 작은 나비의 날갯짓이 금융시장에 지진을 일으키고, 먼 대양에서 헤엄치던 물고기 한 마리의 작은 움직임이 쓰나미를 불러오기 때문이다. 결국 쓰나미에 휩쓸린 중소기업은 지불 능력을 잃게 된다.

그 이유는 여러 가지다. 대출이자가 너무 높아졌을 수도 있고, 팔려고 내놓은 물건이 팔리지 않았기 때문일 수도 있다. 또는 외국에서 들어오는 물건 값이 예전보다 훨씬 싸져서 더 이상 가격경쟁을 할 수 없는 상태가 되었을 수도 있다.

돈을 쫓는 메뚜기 떼

개인이든 회사든 은행이든 모든 금융 투자자들은 기업 (회사, 건축 회사, 발전소, 공항, 방송국 등)의 지분을 매입한다. 그들의 목표는 오직 자신들이 투자한 돈을 늘리는 데 있다. 그 방법은 다양하다. 예를 들어 투자한 기업을 소규모 계열회사들로 나누거나 외국으로 이전하는 것도 한 가지 방법이다. 그 때문에 금융 투자자들은 논란의 대상이 되기도 한다. 그중에서도 고객들이 맡긴 돈을 최단기간에 불릴 목적으로 공격적으로 투자하는 민간 투자 기금인 '헤지 펀드(Hedge Fund, 소수의 투자자를 모아 국제 증권시장이나 국제 외환시장에 투자해 단기 이익을 거둬들이는 개인 투자신탁)'나 '사모 펀드(Private Equity Fund, 소수의 투자자들이 특정 기업에 자본 참여를 해 기업 가치를 높인 다음 되파는 투자 방법)'가 특히 비판을 받는다.

독일 사회민주당 정치인 프란츠 뮌테페링은 그들을 '메뚜기 떼'라고 불렀다. 갑자기 몰려와 모든 것을 먹어 치우고는 다음 먹잇감을 찾아 곧바로 사라지기 때문이다.

이들 금융 투자자들과는 달리 전통적인 기업인이나 투자자는 자신의 자본을 한 회사에 장기적으로 투자한다. 이들 대부분은 장기적인 목표를 추구해서 회사가 지속적으로 이익을 창출하도록 신경 쓰고, 개인적인 영향력과 위신을 높이려고 하며, 오랫동안 일한 직원들의 일자리를 보장하려고 애쓴다.

반면 국제 금융자본이 휩쓸고 지나간 나라에는 그 흔적이 남는다. 그들에게 중요한 것은 오직 이익이다. 어느 나라의 정부가 지금까지와는 다른 조세법을 공표하거나 무분별한 매입을 엄격하게 규제하면 국제 금융자본은 위험을 느끼고 즉시 다른 곳으로 흘러간다. 자본의 흐름에서는 경제 상황에 대한 정확한 정보 외에도 심리적인 것이 일정한 역할을 한다. 자본의 흐름을 뒤쫓는 사람들이 우두머리의 소리를 믿고 따르는 무리 동물들처럼 반응하기 때문이다.

"이익!"이라고 외치면 모두가 그를 뒤따른다. 그것이 잘못된 소리일 수도 있고, 그렇게 투자를 해서 생각대로 이익을 내지 못하는 경우도 있는데 말이다. 그러면 투자자들의 손해는 그만큼 더 커질 수밖에 없다.

독일의 경우, 동·서독이 통일된 이후 외국자본이 들어오면서 분명 긍정적인 변화가 있었다. 그러나 세계화된 금융시장에서 들어왔다가 빠져나가고, 위기를 불러일으키고, 다른 사람들의 위기에서 이익을 챙기는 자본의 흐름은 분명 문젯거리다. 그래서 독일 정부는 외국 주주들을 깜짝 놀라게 할 법안을 마련했다. 이 법안의 시행으로 많은 노동자들의 앞날은 안중에도 없이 최단기간에 많은 이익을 낼 목적으로 기업의 지분을 매입하거나 기업을 통째로 사는 일이 그렇게 쉽지만은 않게 되었다.

용과 호랑이의 나라들

세계화의
승리자

중국 경제성장의 빛과 그림자

미국 뉴욕이든 독일 함부르크든 전 세계 대규모 항구도시에는 중국에서 만든 물건을 실은 거대한 컨테이너선들이 매주 들어온다. 중국은 불과 얼마 전만 하더라도 개발도상국으로 불렸으나 오늘날에는 세계화의 승리자로 손꼽힌다. 중국은 인구가 약 13억 명(2013년 기준)으로 세계에서 사람이 가장 많이 사는 나라이다. 약 20년 전부터 중국 경제는 매년 9퍼센트 이상 성장했고, 중국인의 평균수입도 5퍼센트 이상 증가했다. 이는 유럽의 잘사는 나라들이 꿈도 꿀 수 없는 수치이다.

선진국들은 지금까지 5,500억 달러 이상이라는 어마어마한 돈을 중국에 쏟아부었다. 자기 나라 기업이 잠재력이 큰 중국에서 생산 활동을 할 수 있도록 하기 위해서였다. 중국은 이런 선진국들의 이해관계를 능수능란하게 이용했다. 서양의 철강, 화학, 제약, 기계 제작 회사나 은행, 그 밖에 다른 회사들이 중국에 회사를 설립하게 하는 대신, 엄격한 법을 적용해 이들 회사가 중국 현지 노동자들만 고용하도록 한 것이다. 지금은 이 엄격한 법이 어느 정도 완화되었지만 실제 현장에서는 여전히 통용되고 있다.

중국의 입장은 분명하다.

"너희가 우리 땅에 공장을 짓겠다면, 우리 국민을 고용하고 무엇보다 너희가 가진 지식과 노하우를 우리한테 전수해라. 우리 땅에서 연구를 하겠다면, 실험실과 교육 시설을 설립해서 우리 국민도 그 혜택을 누릴 수 있도록 해라.”

선진국의 거의 모든 기업이 여기에 동의했다. 중국이라는 거대한 시장, 더 싸게 생산할 수 있는 기회를 그 누구도 놓치고 싶지 않았기 때문이다. 또 선진국들은 세계에서 인구가 가장 많은 이 나라에서 자기네 물건을 반드시 팔아야만 했다.

이 엄격한 정책으로 서양의 노하우를 전수받은 중국은 이제 컴퓨터, 텔레비전, 수많은 소형 전자 부품, 컴퓨터게임과 소프트웨어 등 첨단 기술 제품들을 스스로 만들 수 있게 되었다. 그리하여 오늘날 전 세계 백화점과 대형 할인 매장에는 수많은 중국 제품이 진열되어 있다.

그러나 그 제품들이 어느 정도까지 위조품이고, 상표를 불법으로 도용한 제품인가 하는 문제는 지속적인 논쟁이 되고 있다. 선진국에서는 당연하게 여기는 인권 및 시민권의 침해 문제와 환경문제도 중요한 논쟁거리이다.

중국은 공산주의 독재국가이다. 국민이 투표로 정부를 선택할 수 없고, 자유롭게 집회를 열거나 의견을 드러낼 수도 없다. 감옥과 강제수용소, 재교육 수용소는 정치범들로 가득하며, 그들 가운데 많은 사람이 처형당한다.

"중국의 경제 붐은 열악한 근로조건에 토대를 두고 있다. 그럼에
도 전 세계가 중국의 경제성장을 부러워하는 게 과연 옳은 걸까?
1980년대 초에 경제개혁을 시작한 이후로 중국은 엄청난 경제성장
과 현대화를 이룩했다. 그러나 동시에 경제적, 사회적 불평등도 뚜
렷하게 증가했다. 중국의 경제 붐은 홍콩, 상하이, 베이징 등 대도
시에 집중되었고, 시골과 중국 서쪽 지역에서는 탈산업화가 진행되
어 많은 사람을 빈곤으로 몰아넣었다. 중국 인구의 3분의 1은 점
점 더 가난해지고 있고, 전체 인구의 5퍼센트만이 점점 더 부유해지
고 있다."

– 〈앰네스티 저널 Amnesty Journal〉에 실린 기고문 중에서

선진국의 시각에서 볼 때는 근로조건도 비인간적인 경우가 많다.
또한 엄청난 에너지 소비를 충당하기 위해서 거의 매주 어디선가
발전소가 새로 가동되고 있고, 환경오염이 심각해지면서 막대한 피
해를 초래하고 있다. 이미 수백만 중국인이 대규모 댐 건설 때문에
오랫동안 살아온 고향을 잃었다.

그러나 중국의 권력자들은 이 모든 것에 대한 비판을 달가워하지
않는다. 세계 여론도 자신들의 중요한 경제 파트너인 중국의 심기
를 건드려서는 안 되기 때문에 그런 문제에 적극적으로 나서지 않
고 있다.

세계화의 승리자

중국은 특히 세 가지 분야에서는 이미 선진국 수준에 이르렀다. 바로 생명공학과 정보화 기술, 우주 비행 기술 분야이다. 또한 중국의 경제 비약을 이끈 또 다른 중요한 요인이 있는데, 그것은 국제 금융자본이 중국에서는 장애물에 부딪혀 원활하게 움직이지 못한다는 것이다. '메뚜기 떼'가 무분별하게 활동하는 것을 가로막는 엄격한 법이 작동하기 때문이다.

세계화의 승리자인 중국은 지금도 전 세계에 자신들의 물건을 팔고 있다. 나아가 세계적인 경제 확장을 노리는 중국의 다음 목표는 과거 유럽 식민주의의 표적이었던 아프리카 대륙이다. 중국의 기업들은 원자재를 수입하고, 판매 시장을 확보하기 위해 검은 대륙 아프리카에 대규모로 진출해 있다. 신문들은 연일 '아프리카의 새 친구'에 대한 기사를 내보낸다. 한 신문 보도에 따르면, 2008년 초에 이미 아프리카에는 약 75만 명의 중국인이 진출해 있었다. 이들 대부분은 경영자, 의사, 무역상, 수출업자, 중소기업인, 건설 현장에 투입된 수많은 계약직 노동자들이었다.

중국과 더불어 인도도 세계화의 승리자라 할 수 있다. 인도는 약 10년 전부터 경제를 개혁하고, 민영화된 국영기업을 매각하면서 세계화의 열차에 뛰어올랐다. 그러나 문맹률이 매우 높은 까닭에 인도의 경제 발전은 상당히 더디게 진행되고 있다. 그래도 30년 전에 국민의 절반 이상이 빈민층이었던 것과 비교할 때, 지금은 그 비율이 25퍼센트로 줄었다.

2008년 1월, 인도의 최대 기업인 타타 그룹^{Tata Group}은 수도 뉴델리에서 '나노^{Nano}'라는 자동차를 선보였다. 출시 당시 한 대 가격이 약 250만 원으로, 세계에서 가장 싼 이 자동차는 언제나 꽉 막혀 있는 데다 결함도 많은 인도의 도로에서 많은 사람들의 발이 되어 주었다.

나노 자동차도 세계화의 한 신호였다. 1950년대에 독일의 폭스바겐^{Volkswagen} 자동차처럼 나노 자동차도 수많은 인도인과 신흥공업국 국민들에게 편리한 이동 수단이 되었다. 그로 인해 아시아의 대도시들과 다른 곳의 공기가 더 나빠졌다는 사실은 또 다른 문제이다.

떠오르는 신흥공업국

한때 가난한 개발도상국이었으며 지금은 거의 사용하지 않는 명칭인 제3세계 (제2차 세계대전이 끝나자 세계는 미국과 서유럽을 포함한 제1세계와 소련과 동구권을 포함한 제2세계로 나뉘었다. 제3세계는 거기에 포함되지 않는 나머지로, 지역적으

인도의 타타 그룹Tata Group이 선보인 초소형 저가 자동차 나노Nano이다. 인도는
선진국의 공업화를 발 빠르게 뒤따라 오늘날 세계화의 승리자로 우뚝 섰다.

에 포함되었던 나라들이 있다. 그러나 이들 나라들은 이후 세계화와 국제 협력, 분업 속에서 빠르게 발전해 단기간에 공업화를 이루었다.

한국, 타이완, 싱가포르, 홍콩은 '아시아의 네 마리 용'으로 불리며 신흥공업국으로 빠르게 성장해 지금은 거의 선진국 문턱까지 이르렀고, 인도, 멕시코, 브라질, 타이, 필리핀 등도 또 다른 신흥공업국으로 부상하고 있다. 물론 중국도 신흥공업국에 속하는 나라로 분류되지만 전반적으로 볼 때, 중국이 이미 공업국으로 들어섰다고 봐야 하는지, 아니면 조만간 들어서게 될 것으로 판단해야 하는지는 분명하지 않다.

호랑이의 고향은 동남아시아다. 동남아시아 여러 나라들 역시 호랑이처럼 힘차고 공격적으로 경제를 발전시키고 있다. 특히 동남아시아에서 신흥공업국으로 부상하고 있는 타이, 말레이시아, 인도네시아, 필리핀, 베트남을 '호랑이 나라들'이라고 부른다. 외국 회사들이 이곳으로 생산 공장을 많이 이전한 데다 사업망이 촘촘히 연결되어 있는 덕분에 이 나라들은 비약적인 경제 발전을 이루고 있다.

그러나 다른 한편으로는 도시가 무분별하게 증가했고, 도시 주변으로 수많은 빈민가가 생겨났다. 또 농촌 주민들은 전반적으로 가난해졌다. 더욱이 국민의 대다수는 발전의 혜택을 거의 누리지 못한다. 많은 동남아시아 노동자들이 낮은 임금과 비인간적인 근로조

동남아시아에서 신흥공업국으로 부상하고 있는 타이, 말레이시아,
인도네시아, 필리핀, 베트남을 호랑이 나라들이라고 부른다

건 속에서 힘들게 일하고 있다. 그래서 상류층의 수입과 복지가 증가하는 것과 비례해 계층 간의 사회적 긴장 관계도 더욱 커졌다.

러시아도 종종 신흥공업국 명단에 오른다. 과거 공산주의 체제의 패권자였던 러시아는 지난 몇 년 사이에 자본주의 국가로 점점 변모하고 있다. 주식시장이 활기를 띠고 있으며, 무엇보다 미래 서유럽의 에너지 공급자로서 러시아가 차지하는 역할이 커졌다. 그러나 러시아에 대해 알려진 정보가 너무 부족한 탓에 세계화 과정을 이야기할 때 예가 되는 일은 드물다. 그런 점에서 러시아는 여전히 세계로 향하는 문에 빗장을 걸어 잠근 상태이다.

가난한 아프리카

세계화의
최대 피해자

정복 정책과 닮은 세계화

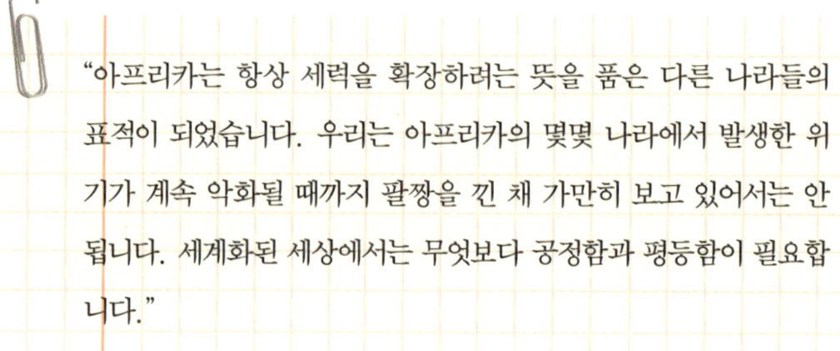

– 독일 호르스트 쾰러Horst Köhler 대통령, 제3차 아프리카 회의 중에서

윗글에서 독일 대통령이 말한 세력 확장은 무엇일까? 오래전 유럽이 다른 대륙, 특히 아프리카 대륙의 여러 나라를 강제로 굴복시킨 것을 의미한다. 유럽 국가들의 정복 정책이었던 식민주의는 무엇보다 다른 나라들을 착취하는 것이었다. 유럽 국가들은 금, 다이아몬드, 석유와 다른 지하자원, 차, 커피, 담배, 열대 과일 등 모든 것을 현지 노동력을 착취해 채굴하거나 수확했다. 그리고 가장 싼값으로 유럽으로 들여와 막대한 수익을 올렸다.

15세기에 스페인과 포르투갈의 정복자들이 군주들의 명령을 받고 시작한 이 착취는 18세기와 19세기에 가장 심했다. 20세기 중반까지도 독일, 프랑스, 네덜란드, 포르투갈, 스페인, 영국은 부분적이나마 아프리카와 아시아, 라틴아메리카와 서아시아에서 착취를 이어 왔다. 이 지역의 많은 나라들이 적게는 수십 년에서 많게는 수백 년 동안 다른 나라의 지배를 받았다. 그동안 식민지 주민들은 아무런 권리도 갖지 못했고, 식민지 지배자들만이 이들 나라의 풍부한 자원을 이용해 막대한 부를 얻었다.

1914년 제1차 세계대전이 일어날 때까지 전 세계 인구의 절반 이상이 식민지 주민이었다. 이 역시 세계화의 한 모습이었다. 다만 그것은 어느 한쪽만 이익을 챙기는 일방적인 세계화였다.

그렇다면 그런 시대는 이제 지나간 걸까? 물론 오늘날에는 더 이상 식민지가 없다. 그러나 세계화도 결국은 경제적인 정복 정책이 아닌가 하는 문제를 두고 사람들 사이에서 격렬한 논쟁이 벌어지고 있다. 세계화 속에서는 강자와 약자, 부자와 가난한 사람이 경쟁해 어느 한쪽만 승리를 차지하기 때문이다.

글로벌 치킨

프란시스 봄바는 카메룬의 두알라에서 50킬로미터 정도 떨어진 작은 마을에 산다. 양계업자인 그는 앞날이 캄캄하다. 지금까지 키우던 닭을 팔기 위해서 카메룬에서 가장 큰 도시인 두알라의 시장에 나왔지만 몇 시간이 지나도록 한 마리도 제대로 팔지 못하고 있다. 며칠 전부터 닭 가격을 조금씩 내린 탓에 지금까지 입은 손해도 막심하다.

다리를 묶은 닭 여섯 마리씩을 양손에 들고 팔러 나갔던 아들이 시장을 한 바퀴 돌고 돌아왔다. 닭을 들고 걸어 다니면서 멀리 떨어진 곳까지 나가 조금이라도 더 팔아 보려는 작정이었다. 전에는 이 방법이 잘 통해서 제법 이익을 남길 수 있었다. 그러나 이제는 그마저도 통하지 않았다. 다른 양계업자들도 바닥에 주저앉아 장사가 다 망했다고 한탄했다.

"그만 포기하는 게 낫겠다!"

봄바는 한숨을 쉬면서 닭장을 화물차에 실었다. 이날도 한 푼도 벌지 못했다. 앞으로 어떻게 가족을 먹여 살리고, 빌린 돈을 갚을 수 있을까?

작년까지만 해도 봄바는 선진국과의 경쟁에 맞서 뭔가 해 볼 수 있다는 희망에 차 있었다. 카메룬은 전통적으로 국내 소비는 물론 수출로도 양계업이 강한 나라였기 때문에, 봄바 역시 카메룬 전역의 수많은 양계업자들처럼 양계장 시설을 개조하며 더 많은 이익을 기대했다. 더 이상 마당에서 닭을 키우지 않고, 유전적으로 더 나아진 사육법에 따라 예전보다 훨씬 빠르게 닭을 키워 냈다. 1,000마리가 넘는 닭들을 위해 양계장도 새로 지었다.

봄바는 세계화에 대비하기 위해서 자신이 할 수 있는 모든 것을 다했다. 하지만 아무 소용이 없었다.

"저들이 우리를 다 망치고 있어!"

봄바와 카메룬의 다른 양계업자들은 그렇게 한탄한다. 봄바가 말하는 '저들'은 닭의 각종 부속 고기와 다리를 아프리카에 판매하는 유럽 수출업자들이다. 얼마 전부터 카메룬 시장에서는 유럽에서 들여온 닭 부속이 1킬로그램에 1유로도 안 되는 싼값에 팔리고 있다. 세계화의 축복을 받은 네덜란드와 북부 독일의 몇몇 회사는 그것으로 상당한 수익을 올린다.

유럽 선진국의 회사들은 값싼 닭 부속을 가난한 나라에 수출한다. 기름기 없고 질 좋은 하얀 가슴살은 선진국의 슈퍼마켓에서 판매되고, 선진국 소비자들이 즐기지 않는 머리, 다리, 내장, 닭발 등은 냉동된 상태로 아프리카, 라틴아메리카, 아시아로 수출되는 것이다.

유럽의 회사들이 질 좋은 고기를 제외한 나머지 부속 고기를 다른 나라로 수출하려면 선박 운송비를 추가로 지불해야 한다. 그러나 그 비용은 그들이 아프리카 등의 시장에서 벌어들일 수 있는 돈에 비하면 아무것도 아니다. 그것은 카메룬의 전통적인 소규모 양계업자들에게는 재앙이고, 유럽의 거대 축산업자들에게는 막대한 이익을 뜻한다. 뿐만 아니라 유럽에서 거래되는 닭의 규모는 이미

european

유럽 회사들은 값싼 닭 부속을 아프리카에 수출한다.
이는 아프리카의 소규모 양계업자들에게는 재앙이다

수백만, 수천만 마리에 이르고, 나날이 발전하는 대량생산 기술 덕분에 닭들도 최대한 빠른 시간에 효과적으로 소비할 수 있도록 사육되고 있다.

봄바와 그의 동료들에게 그래도 한줄기 희망은 있다. 한 연구소에서 조사한 결과, 외국에서 수입된 부속 고기의 80퍼센트 이상이 사람이 먹기에는 부적합하다는 사실이 드러난 것이다. 냉동 창고가 없는 카메룬 상인들이 컨테이너선에서 내린 부속 고기들을 냉동하지 않은 채 그대로 시장에 유통시킨 탓이었다. 그 과정에서는 부패한 공무원들이 결정적인 역할을 했다. 공무원들은 뇌물을 받고 필요한 수입 허가서를 내주었고, 때로는 유통기한까지 위조해 주었다.

지금 카메룬에서는 이런 형태의 세계화에 반대하는 목소리가 높아지고 있다. 양계업자들은 질이 형편없는 유럽산 닭 부속 고기의 수입을 막기 위해 캠페인을 벌인다.

프란시스코 마리와 루돌프 분첼이 함께 써낸 《글로벌 치킨, 닭 가슴과 닭 날개 ; 그 나머지는 누가 먹나?》라는 책은 대규모 양계 기업들이 시행하고 있는 올바르지 못한 정책들을 비판하고 있다. 인체에 유해함에도 유전자 조작을 이용해 닭을 사육한다거나 개발도상국의 농업을 파괴하는 행태가 대표적이다. 또한 이 책에서는 선진국의 거대 영농 기업들이 세계화의 이름으로 벌이는 또 다른 파렴치한 음모들도 살펴볼 수 있다.

열심히 일해도 소용없는 목화밭 농부들

말리는 서아프리카 카메룬에서 북쪽으로 수백 킬로미터 떨어진 곳에 있는 나라이다. 말리에서 가장 비옥한 지역은 시카소이며, 여기서는 아프리카 전역에서 품질이 가장 좋다고 알려진 목화가 자란다. 시카소 주민들은 목화 덕분에 그럭저럭 안정된 생활을 해 왔다.

그런데 지금은 그런 시절이 다 지나고, 아이들의 교과서조차 제대로 사 줄 수 없는 형편이 되었다. 아프리카 곳곳에 부정부패가 만연하고, 서양의 원조금이 끊어졌기 때문만은 아니다. 농부들이 점점 더 가난해지고, 목화밭에서 아무리 힘들게 일해도 아무 소용이 없는 지금의 상황은 바로 세계화에 그 원인이 있다. 지난 몇 년 사이 세계시장의 목화 판매 가격이 계속 낮아진 탓에 수작업으로 경작되는 비싼 말리 목화가 더 이상 팔리지 않게 된 것이다.

목화의 시장가격이 이처럼 낮아진 주된 요인은 미국에 있다. 미국 정부는 미국 남부에서 대규모 목화 농장을 운영하는 모든 농장주에게 일 년에 최소한 10만 달러의 보조금을 지원한다. 그 덕분에 미국 농장주들은 말리 농부들과는 달리 파종용 씨앗과 비료, 살충제를 구입하느라 빚을 질 필요가 없다. 그 밖에도 유전공학을 도입해 재배하는 미국 목화는 수확량이 훨씬 많다. 결국 이 역시 미국 텍사스와 버지니아에서 일어난 나비의 날갯짓이 말리와 다른 지역 농부들의 생존을 위협하는 폭풍으로 바뀐 것이다.

"우리는 농부들이 스스로 일해서 얻은 수확물로 살아갈 수 없는 세상을 거부한다!"

2007년 여름 시카소에 내걸린 현수막에 적힌 내용이다. 당시 독일 하일리겐담에서는 선진국 G8 정상회담이 개최되었는데, 시카소에서는 거기에 대항하는 가난한 나라들의 아프리카 회담이 열린 것이었다.

커피와 카카오의 가격경쟁

커피를 즐겨 마시는 사람들은 지난 몇 년 사이 커피 값이 불안정하게 오르락내리락했다는 사실을 알 것이다. 그와 더불어 원두 품질에 대해 불평하는 소리가 점점 커졌다는 것도 기억할 것이다. 이 문제는 커피의 국제무역과 관련되어 있다. 커피를 생산해서 판매하기까지는 우리 눈에 보이지 않는 여러 과정을 거치는데, 그 과정에서 많은 중개업자, 중간상인, 운송업체, 수출업자, 가공업자 들이 막대한 돈을 번다. 여기서 특히 중요한 것은 커피 가격과 할당량을 정하기 위해 라틴아메리카 지역에서의 커피 재배를 통제하는 문제이다.

가격을 안정적으로 유지하려면 누가 어느 정도의 양을 재배해야 할까? 다국적기업들은 세계은행World Bank, IBRD과 손잡고 자기들에게 유리한 방향으로 그 문제에 대한 타협안을 이끌어 냈다. 이 때문에 중앙아메리카와 아프리카의 소규모 커피 생산자들은 지난 몇 년 사이 경쟁에서 뒤처지고 말았다. 그와 함께 우수했던 원두 품질도 떨어지기 시작했다. 오늘날 전 세계 커피 생산량의 3분의 2는 브라질, 콜롬비아, 베트남의 대규모 커피 농장들이 제공하고 있다. 소규모 생산자들은 거대 다국적기업들이 주도하는 가격경쟁을 따라가지 못한다.

이러한 세계화의 작용은 다른 수많은 농작물에서도 마찬가지다. 우리는 초콜릿 한 조각을 입안에 넣고 그 달콤한 맛을 즐기는 동안 서아프리카 코트디부아르의 농부가 카카오를 재배하는 그 대가로 얼마나 보잘것없는 돈을 받는지에 대해서는 전혀 모른다. 카카오의 시세는 미국과 유럽의 큰 회사들과 런던증권거래소LSE, 뉴욕증권거래소NYSE가 결정한다.

코트디부아르의 국민들 대부분은 카카오가 주요 수입원이며, 수많은 농부와 그 가족의 생계가 거기에 달려 있다. 한때 카카오 생산은 코트디부아르 국민들에게 일정 정도의 부를 가져다주었고, 아직까지도 세계 생산량의 절반이 거기서 생산되고 있다. 그러나 전문가들은 이곳의 카카오 생산 기반이 완전히 붕괴될 수도 있다고 염

려한다. 이 지역에서는 그 원인이 단순히 세계화 때문만은 아니다. 나라 안에서 벌어진 쿠데타와 종족 간의 전쟁, 정부 관리들의 부정부패, 통치자의 무능함도 큰 문제이다.

아프리카의 또 다른 문제

세계화에 관한 글을 쓰는 거의 모든 시사평론가들은 주로 아프리카를 예로 들어 세계화 과정이 얼마나 부정적인 결과를 가져올 수 있는가를 보여 준다. 오늘날 아프리카는 세계화의 최대 피해자이다. 전 세계 거대 기업들은 아프리카에 공격적으로 투자해서 이익을 챙기려 한다. 여기에는 인간과 인권에 대한 기본적인 배려나, 현지 주민들에 대한 최소한의 예의도 없다. 아니면 반대로 모든 것이 망가지고 혼란스런 나라에는 투자할 가치가 전혀 없다고 생각한다.

아프리카 여러 나라를 뒤흔드는 정치적 불안과 부패, 내전은 기업들의 투자 심리를 위축시킨다. 믿을 만한 파트너인 국가권력이 없기 때문에 기업들은 이들 나라에 장기적으로는 투자하지 않는 것이다. 그 밖에도 아프리카의 문제점은 한두 가지가 아니다.

마지막으로 범죄 조직이나 다름없는 유럽의 폐기물 업체들에 대해서도 짚어 보려고 한다. 이들 업체들은 선진국에서 나오는 쓰레기와 독성 폐기물들을 아프리카로 가져가 처리하는데, 폐기물 처리 규정을 전혀 지키지 않으면서도 엄청난 돈을 벌어들인다. 지구 반 바퀴를 돌아 아프리카로 특수 폐기물을 옮기는 데 드는 비용에 더해 정부 관리들에게 뇌물을 주는 비용까지 들어가지만 그래도 이익이 훨씬 많기 때문이다.

아프리카 몇몇 나라 (특히 나이지리아)에는 석유 매장량이 풍부하고 다른 자원들도 풍부하다. 그런데도 국민들은 비참할 정도로 가난하다. 그 이유는 무엇일까? 석유로 벌어들이는 돈이 검은 세력에게 흘러들어 가거나 부패한 정치인들의 개인 주머니로 모두 들어가기 때문이다.

아프리카의 또 다른 고질적인 문제는 에이즈 (AIDS, 후천면역결핍증)와 말라리아 (Malaria, 말라리아 병원충을 가진 학질모기에게 물려서 전염되는 병) 같은 질병들이다. 아프리카 대부분 지역이 열악한 의료 체계 때문에 그 문제를 감당하지 못하고 있다.

국제연합 UN의 산하기관인 식량농업기구 Food and Agriculture Organization, FAO의 보고에 따르면 세계 식량난도 최근 눈에 띄게 증가했다. 그중에서도 아프리카 지역이 특히 심각하다. 기본 식량과 깨끗한 식수가 절대적으로 부족하기 때문이다. 프랑스 파리에서 발행되는 월간지 〈르몽드 디플로마티크 Le Monde Diplomatique〉는 '세계화의 지도'라는 기사에서 그 원인이 가뭄이나 메뚜기 떼 같은 자연

Please~
Please~

재해 때문이기도 하지만, 무엇보다 세계화된 경제의 책임이 크다고 분석했다.

세계화의 피해자인 수많은 아프리카인은 이제 자신들의 고향을 떠나려 한다. 더 이상 미래가 없다고 생각하기 때문이다. 텔레비전 저녁 뉴스에서는 스페인, 이탈리아, 몰타 해안에 도착한 아프리카 난민 보트들을 보여 준다. 때로 이 난민들은 대륙을 가로질러 바다 위를 1년 가까이 떠돌아 가까스로 해안에 도착하지만, 그 지역 경찰들은 이들을 스페인 안달루시아나 이탈리아 시칠리아에 있는 보잘 것없는 숙소로 보낸다. 그리고 얼마 지나지 않아 다시 추방시킨다.

케냐 나이로비에 사무국을 둔 국제연합환경계획United Nations Environment Programme, UNEP의 클라우스 퇴퍼 사무총장에 따르면 약 1,800만 명의 아프리카인이 난민으로 떠돌고 있다고 한다. 그들 중 일부는 아프리카 내 위험한 국경들을 지나 남아프리카의 대규모 난민 거주지로 간다. 또 다른 일부는 유럽 국가들이 불법 난민을 막기 위해 유럽 요새를 얼마나 견고하게 지키고 있는지도 모르는 채 북쪽으로 향한다.

부자 나라에서 실패한 국가까지

더욱 커진 빈부 격차

국제연합개발계획 United Nations Development Programme, UNDP 은 매년 인간개발지수 Human Development Index, HDI 를 발표한다. 이는 평균수명, 교육 수준, 1인당 국민소득을 기준으로 한 나라의 발전 정도를 계량화해서 나타낸 수치이다. 그 수치에 따르면 세계화가 급속도로 진행된 1990년에서 2000년 사이 21개 개발도상국의 인간 개발지수는 오히려 떨어졌다. 그사이 진행된 수많은 다른 연구 결과를 보아도 국가 간의 불평등은 심화되었고, 빈부 격차는 더 커졌음을 알 수 있다.

어떤 사람들은 세계화를 통해 부자가 되었다. 예를 들면, 적절한 시기에 좋은 아이디어로 세계시장을 정복할 제품을 만들어 낸 기업들은 많은 돈을 벌었다. 전 세계 유망한 곳에 돈을 투자한 금융 투자자들도 아주 빠르게 엄청난 자본을 축적할 수 있었다. 전 세계 최대 갑부 225명이 소유한 개인 자산을 모두 합하면 1조 달러 (우리 돈으로 약 1,100조*)에 이른다. 상상조차 할 수 없을 만큼 어마어마한 이 금액은 지구상에서 가장 가난한 28억 명, 즉 세계 인구 약 40퍼센트의 1년 소득을 모두 합한 액수에 해당한다.

서양의 인구 9억 명은 세계 소비의 86퍼센트, 에너지 소비량의 58퍼센트, 세계 모든 유선전화의 74퍼센트를 차지하고 있다. 그에 반해 가장 가난한 12억 명은 세계 소비의 1.3퍼센트, 에너지 소비량의 4퍼센트, 전 세계 유선전화의 1.5퍼센트만을 차지하고 있다.

서양은 전 세계 네트워크화와 자유무역, 다른 나라와의 교류에서 이미 상당한 이익을 취했다. 또한 세계화의 모든 가능성을 자신들에게 유리하게 이용해 왔다. 물론 세계화는 서양인들에게도 좋지 않은 측면이 있다. 생산 시설이 해외로 이전함으로써 실업률이 증가하기 때문이다. 그러나 이들의 하소연은 차원이 다르다. 서양에서는 굶주림으로 고통받는 사람이 거의 없으며, 아프리카나 아시아에서 벌어지는 일들과 비슷한 상황도 전혀 없다.

사람들은 이 모든 문제를 간단하게 해결할 수 있을 거라고 생각한다. 가난한 나라에서는 아직 세계화가 진척되지 않아서 세계화의 장점을 충분히 얻지 못했을 뿐이라면서 말이다. 그러니 상황이 달라지면 그곳의 삶의 조건도 당연히 나아질 거라고 믿는다. 세계화는 이제는 되돌릴 수 없으므로 세계화의 과정을 멀리할수록 미래의 전망이 그다지 밝지 않다는 것은 분명하다.

문제는 가난한 나라들을 세계화의 과정에 편입시킨다고 해서 상황이 나아질 수 있을까 하는 것이다. 전 세계와 자유롭게 무역할 수 있도록 내버려 두면 그 나라들이 저절로 발전할 수 있을까? 가난한 나라에서 자유무역을 실시하면 국가의 통제와 규제가 모두 사라지고 불평등과 불공정도 없어질까? 우리는 이미 아프리카의 사례에서 그렇지 않다는 것을 보았다. 지금까지 시도된 이러한 실험은 성공하지 못했다.

그렇다면 한 나라가 경제성장을 이루기 위해서 세계화에 동참하는 것만으로는 충분하지 않은 이유는 무엇일까? 세계화는 왜 어떤 나라에는 축복이고 또 다른 나라에는 아무것도 주지 못하는 걸까?

실패한 국가들

1990년대에 병들고, 약하고, 무너진 나라들을 지칭하는 개념으로 '실패한 국가들Failed States'이라는 말이 등장했다. 이렇게 불리는 이들 대부분은 과거 서양의 식민주의 지배에 시달리면서 심하게 착취당했던 나라들이다. 서양의 식민 통치가 끝난 뒤 아프리카의 여러 나라들은 이웃 나라와 전쟁하거나 서로 다른 종족들 간에 내전을 벌이는 등 더 큰 혼란 속으로 빠져들었다. 이러한 상황 속에서 독재자나 부패한 범죄 집단은 무력으로 권력을 잡아 나라를 약탈했다. 도로와 철도, 항구 시설은 녹슬고, 공장들은 무너졌으며, 사람들은 살아갈 토대를 잃었다.

이 상황을 나무에 비유해 설명해 보자. 튼튼한 나무는 강한 바람에도 쉽게 쓰러지지 않는다. 그럴수록 오히려 더 강한 뿌리를 내리

소말리아는 유럽 나라들에서 독립한 뒤 쿠데타와 독재정치, 내전 등 혼란 속으로 빠져들었다. 40만 명 이상의 국민이 사망했고, 굶주림과 범죄로 여전히 고통받고 있는 대표적인 실패한 국가이다.

고 환경에 적응하며 계속 번성한다. 마찬가지로 토대가 강한 민주주의 국가는 세계화 과정의 부정적인 측면도 잘 극복한다.

그에 반해 병들고 약한 나무, 즉 토대가 무너진 나라는 폭풍에 쉽게 쓰러진다. 세계화의 쓰나미가 강한 힘으로 덮치고 태풍이 세차게 불어와 그렇지 않아도 약한 뿌리를 송두리째 뽑아 버린다. 국가는 파괴되고, 소수만 부를 얻는다. 대다수 국민은 전보다 더 가난해진다.

수많은 국제회의에서 아프리카를 도울 방법이 논의되었다. 여기서 나온 결과를 간단히 말하자면, 이들 나라에서는 세계화 과정을 어느 정도까지 진척시키는가가 중요한 문제가 아니라는 것이다. 그보다는 지금까지 숱한 착취를 당한 이들 나라가 세계화의 부정적 측면에서 스스로를 지키도록 하고, 독재 정부가 나라를 약탈하거나 돈벌이에 이용하지 않도록 돕는 것이다.

실패한 국가들은 서양의 도움에 의존해 있다. 무엇보다 공정한 무역조건이 마련되어야 하고, 이익만을 추구하지 않는 장기적인 투자가 이루어져야 한다. 또한 세계 여론 역시 그들의 문제에 더 이상 눈을 감아서는 안 된다.

그 어느 때보다 생각의 전환이 필요하다. 공정한 세계에서는 인권을 희생시킨 대가로 이득을 취하는 것을 결코 용납해서는 안 된다. 실패한 국가들이 세계화의 과정에 성공적으로 진입해 세계화의

66 실패한 국가들이 세계화 과정에 성공적으로 진입하려면
서양의 원조에 의존할 수밖에 없다 99

긍정적인 측면을 이용할 수 있으려면 그보다 먼저 서양의 원조가
절대적으로 필요하다. 그렇지 않으면 이들은 실패자로 남아 질주
하는 세계화의 기차에 타지 못하고 언제나 길모퉁이에 뒤처진 채로
있을 것이다.

10

직업인가 착취인가

세계의
어린이 노동자

노예나 다름없는 생활

라틴아메리카의 한 공장에서 일하는 에스터는 열여덟 살이고, 마리아는 스무 살이다. 둘은 매일 재봉틀 여러 개가 길게 늘어서 있는 작업대 앞에 앉아서 일한다. 커다란 공장 건물 안은 백여 대의 재봉틀이 한꺼번에 돌아가는 소리로 가득하다. 재봉틀마다 여공들이 셔츠 위로 고개를 숙인 채 부지런히 재봉질을 하고 있다. 여공들이 작업하고 있는 이 옷들은 유럽에 있는 큰 회사로 보내진다. 그회사는 유럽 곳곳에 매장을 두고 있다.

"오늘 분량을 도저히 못 끝내겠어!"

에스터가 낮은 소리로 한탄했다. 머리가 지끈지끈 아팠다. 공장 안은 질식할 것처럼 공기가 뜨거웠고, 역한 냄새가 났다. 두통이 점점 더 심해졌지만 오늘 맡은 분량을 정확하고 신속하게 끝내는 게 더 중요했다.

에스터와 다른 여공들의 근로조건은 이처럼 극도로 열악하다. 수시로 야근을 해야 하고, 하루에 끝내야 할 분량도 아주 많다. 크리스마스 등 잘사는 나라 사람들이 선물을 많이 하는 시기가 되면 주문이 많아져 작업량이 더욱 늘어난다. 남자 작업반장들은 끊임없이 성희롱과 욕설을 해 대고, 화장실에 가는 것도 하루에 단 두 번만 허락된다. 그 밖에도 이곳의 비인간적인 환경은 여공들을 몹시 괴롭힌다.

하지만 누구도 불평하거나 이의를 제기할 수는 없다. 오늘 아침에도 조장이 잔소리를 늘어놓았다.

"게으름 피우기만 해 봐. 네 자리를 대신할 젊고 빠른 일손은 얼마든지 있으니까 알아서들 해!"

조장은 여공들을 주욱 훑어보면서 계속 감시했다. 작업 중에 서로 말하지 못하게 하려는 것이다.

"무슨 일이 있어도 오늘 중으로 끝내야 해. 가족들을 생각해!"

옆자리에 있는 마리아가 속삭였다. 마리아는 번개처럼 빠른 손길로 셔츠를 움직이며 재봉질을 했다. 일이 완전히 손에 익어서 굳이 볼 필요도 없었다.

"학교도 생각해 봐! 일 년만 열심히 일하면 도시에 있는 학교에 다닐 수 있는 돈을 모을 수 있잖아."

"한 달에 고작 110달러 벌어서? 그 돈으로는 말라리아에 걸린 아버지와 남동생을 도와주기에도 빠듯해."

"그렇다고 일을 하지 않는 편이 더 낫겠니? 돈벌이를 못하는 거보다는 한 달에 110달러라도 버는 게 낫지. 그러니 불평 그만해!"

"그렇지만 우리는 부자 나라의 노예나 마찬가지야."

마리아가 어깨를 한 번 으쓱했다.

"누구나 다른 누군가를 위해 일하면서 돈을 버는 거잖아."

낮은 임금과 더러운 작업환경, 성희롱과 욕설 등
가난한 개발도상국 여공들의 근로조건은 극도로 열악하다

"하지만 저들은 우리를 혹사시키고 있는 거야!"

"쉿, 조심해!"

마리아가 경고하며 손가락을 입술로 가져갔다. 조장이 가까이 온 것이다. 에스터는 재봉틀 위로 고개를 푹 숙였다.

에스터와 마리아의 고향인 엘살바도르에는 '마킬라도라 Maqui-ladora'라는 자유 생산 지대가 있다. 이곳에는 외국계 회사들의 주문을 받아 주로 섬유제품과 신발을 값싸게 생산하는 산업 단지가 들어서 있다. 1970년대 중반 라틴아메리카의 여러 나라에는 자유 생산 지대가 형성되었고, 의류 산업을 이끄는 많은 다국적기업들의 생산 공장이 이곳에 설립되었다.

그런데 '자유 생산 지대'에서 '자유'라는 말은 외국계 회사의 본사가 있는 서양과는 달리 마킬라도라의 공장에서는 다른 법과 규정이 적용된다는 뜻이다. 기업들에게 더 유리한 세금과 관세, 저임금의 혜택이 주어지는 것이다.

멕시코에서는 마킬라도라 자유 생산 지대가 나라의 중요한 산업 부문이다. 그러나 미국과 인접한 이 국경 지대에서는 좋지 않은 뉴스가 끊이지 않는다. 가령 매우 위험한 지역으로 손꼽히는 시우다드 후아레스는 생활조건과 환경조건이 최악이고, 범죄도 많아 지난 수년 간 많은 여성들이 이곳에서 살해당했다.

직업인가 착취인가

세계화는 에스터와 마리아에게 도움을 주는 걸까 아니면 해가 되는 걸까? 열악한 환경에서라도 일을 하는 편이 나을까 차라리 일을 하지 않는 편이 나을까? 이들의 가족은 굶어야 할까 아니면 한 달 수입 110달러로 최소한의 생계만이라도 이어 가야 할까? 이들이 받는 돈은 죽기에는 너무 많고 살기에는 너무 적은 게 아닐까? 에스터와 마리아가 봉제 공장에서 일하지 않았다면 무엇을 할 수 있었을까? 굶주리며 살아야 했을까? 아니면 살기 위해서 도둑질을 하거나 거리에서 성매매를 해야 했을까?

가난한 개발도상국에는 에스터와 마리아 같은 사람들이 수없이 많다. 멕시코, 타이완, 말레이시아, 방글라데시 같은 나라의 노동자들은 비인간적인 조건에서 최저임금에도 못 미치는 돈을 받으며 힘들게 살아간다. 휴가, 의료보험, 실업보험은 그들에게 낯선 단어들이다. 이 열악한 삶과는 정반대로 서양의 회사들은 그들이 만든 제품을 팔아 엄청난 수익을 올린다.

섬유제품과 스포츠용품을 생산하는 기업들은 자신들을 위해 일하는 개발도상국 노동자들을 파렴치하게 착취하고 있는 걸까? 분명히 그렇다고 할 수 있다. 세계화를 지지하는 사람들도 유럽 기업의 현지 생산 공장보다는 아시아와 라틴아메리카의 생산 공장에서 일하는 사람들이 더 열악한 조건에 놓여 있음을 인정한다. 그러나 이들은 서양의 대기업들이 보통 현지의 납품업체에 하청을 줘서 제품을 만들게 하는데, 이 납품업체의 근로조건에 대해서까지 감독할 수는 없다고 주장한다.

그러나 세계화를 비판하는 사람들은 그게 결코 변명이 될 수 없다고 반박한다. 다른 곳이 상황이 나쁘고, 열악하다는 이유로 똑같은 착취자가 되어서는 안 된다는 것이다. 납품업체의 근로조건을 감독하고, 그 조건이 수용할 수 없을 만큼 열악한 경우에는 협력 관계를 중단하는 것이 다국적기업들의 의무라고 주장한다. 그런데 만일 그럴 경우 거기서 일하다가 그만두어야 하는 노동자들은 또 어떻게 될까?

그 문제에서는 뚜렷한 해답을 찾기 어렵다. 그러나 그사이 수많

"나이키Nike 티셔츠 한 장 값에 포함된 인건비는 겨우 1,000분의 1에 불과하다. 엘살바도르에서 생산되는 아디다스Adidas의 경우도 불공정한 비율이 두드러진다. 아디다스는 1998년에 여성 노동자 한 명에게 2,640마르크를 지불한 반면, 광고비로 13억 마르크를 지출했다. 그것은 아디다스 납품업체에서 일하는 여성 노동자 49,242명의 일 년 치 월급을 모두 합한 금액이다."

– 도리스 지메르스, 엘살바도르 시찰 보고서, 잡지 〈풀뿌리 혁명〉,
〈마킬라도라 Maquiladora – 우리의 소비 열풍이 부른 현대판 노예제도〉 중에서

은 신문과 잡지는 외국계 회사를 위해 일하는 개발도상국 노동자들의 근로조건을 세상에 널리 알렸다. 인간의 품위에 맞는 근로조건에 신경을 쓰는 것은 기업의 당연한 책임이다. 너무도 당연한 말이다. 기업이 다른 지출에 앞서 노동자들에게 적절한 임금을 지불하는 것이 합당하지 않을까?

세계의 어린이 노동자

몇 년 전부터 서양의 양탄자 수요가 급증하면서 인도와 네팔의 양탄자 산업도 크게 성장했다. 그러나 가족 중심으로 운영되는 영세 공장은 벌이가 변변치 못하고, 일손이 너무 부족해 물건을 제때에 공급하지 못하는 일까지 자주 벌어졌다. 이에 수출업자들은 가장 값싼 노동력을 투입하게 되었다. 바로 아이들이다. 국제연합UN 산하 아동보호 단체인 유니세프United Nations International Children's Emergency Fund, UNICEF는 그런 아이들 중 한 명인 마이니아에 대한 보고서를 작성했다.

열네 살 소녀 마이니아는 몇 년 전부터 네팔의 수도 카트만두에서 매일 직조기 앞에 앉아 양탄자를 짠다. 하루에 꼬박 16시간을 일해야 하는 마이니아는 학교에 다닌 적은 없어서 글을 읽고 쓰지 못한다. 양탄자 공장에서 일하는 여공들은 마이니아보다 더 어린 경우가 많다. 몇몇은 털실 먼지 때문에 병에 걸린다. 밖으로 나가서 놀 수 없고, 수출업자가 재촉할 때는 야근까지 해야 한다. 그러고도 다음 날 아침이면 어김없이 다음 양탄자를 짜야 한다.

마이니아는 이렇게 힘들게 일하면서도 돈은 한 푼도 받지 못한다. 부모들이 진 빚을 갚기 위해서 대신 일하는 것이라는 설명을 들었지만 그게 무슨 빚인지 마이니아는 모른다. 먹는 것이라고는 밥과 완두콩이 전부이고, 잠은 아주 작은 방에서 다른 소녀 셋이랑 함께 잔다.

네팔에는 마이니아처럼 양탄자 공장에서 일하는 아이들이 1만 명에 달한다. 가난과 인구과잉이 이 아이들을 집 밖으로 내몬 것이다. 풍족한 생활과 규칙적인 수입을 보장하겠다는 무역 회사 중개인들의 거짓 약속에 속아 많은 가정이 아이들을 도시로 내보냈다. 비참한 가난 속에서 살아가는 부모들은 다른 선택의 여지가 전혀 없었다.

마이니아의 이야기는 네팔 아동 권익 보호 단체인 네팔의 어린이 노동자회 Child Workers in Nepal Concerned Centre, CWIN가 세상에 알렸다. 이 단체는 유니세프와 함께 어린이 노동 금지 활동을 벌이고 있다.

축구 왕국이라고 불리는 파키스탄 시알코트에 대한 이야기도 있다. 축구 왕국이라고 해서 시알코트 아이들이 매일 축구 훈련을 하는 것은 아니다. 이곳에는 축구단 하나 없고 리그전으로 치러지는 축구 시합도 아예 없다. 파키스탄 동북부에 위치한 인구 30만 명 도시 시알코트에서는 대신 매일 수많은 축구공들이 만들어진다. 이 축구공을 꿰매는 일을 하는 노동자들은 대부분 열 살에서 열두 살 안팎의 아이들이다.

유럽의 명문 축구 클럽에서 공을 차는 아이들은 혹시 알고 있을까? 시알코트와 그 주변 마을에서는 자기들과 같은 또래 아이들이 하루에 두세 개의 공을 매일 만들고 있다는 사실을 말이다. 아이들은 그 공을 만들기 위해서 하루에 9시간을 꼬박 앉아서 일해야 한다. 가죽 조각들을 일일이 손으로 맞추어 꿰매야 하는 상당히 어렵고 힘든 일이기 때문이다. 이렇게 공을 만들어서 아이들이 버는 돈은 한 개당 1달러도 되지 않는다. 그러나 이 공들이 상점에서는 3만 5,000원에서 비싸게는 15만 원 정도에 팔린다.

멕시코의 과일밭과 채소밭, 꽃밭에서도 어린이 노동이 이루어지고 있다. 거기서 수확된 엄청난 양의 농산물은 매일 미국과 유럽으로 보내지는데, 농장 노동자의 3분의 1이 열두 살에서 열네 살 안팎의 아이들이다. 이 아이들은 가족과 함께 각 지역을 돌면서 뜨내기

> 축구 왕국이라 불리는 시알코트에서 축구공을 꿰매는 노동자들은
> 대부분 열 살에서 열두 살 안팎의 아이들이다

파키스탄에서 양탄자 만드는 일을 하는 어린이들이다. 아시아, 남아메리카,
아프리카 등 가난한 나라의 많은 아이들은 열악한 환경 속에서 힘겨운 노동에
시달리고 있다.

일꾼으로 일하고, 학교는 평생 구경도 못한다.

국제연합UN의 발표에 따르면 아시아와 남아메리카, 아프리카, 동유럽의 가난한 나라에서는 2억 5,000명이 넘는 아동이 가장 값싼 노동력으로 투입되어 매일 힘겨운 노동에 시달리고 있다. 이것은 중세 유럽의 모습과도 같다. 봉건영주의 하인인 부모를 둔 아이들은 아주 어릴 때부터 들판에 나가 중노동을 해야 했으니 말이다. 동남아시아의 대도시에서는 많은 아이들이 사창가로 팔려 가거나 범죄 단체에 붙들려 가서 부모들의 빚을 대신 갚기 위해 임금도 받지 못하고 일한다.

국제노동기구International Labour Organization, ILO는 어린이 노동 금지를 가장 중요한 목표 중 하나로 삼았다. 그리하여 유럽연합EU의 모든 나라는 15세 이하 아동의 노동을 원칙적으로 금지하고 있다. 어린이가 영화나 연극 등에 출연하는 예외적인 경우에는 청소년 보호법에 명시된 규정을 따라야 한다. 또한 유니세프UNICEF를 비롯해 여러 민간단체도 어린이 노동을 근절시키기 위해 적극적으로 노력하고 있다. 산업 부문에서는 어린이 노동과 착취로 생산된 제품들을 판매하지 않는다는 의무 조항이 있다.

아이들을 보호하기 위해서는 이런 협정이 매우 중요하다. 그러나 그보다 더 중요한 것은 그 아이들을 도와줄 다른 방법을 모색하는 일이다. 그나마 일을 하지 못하게 하면 아이들은 돈을 벌지 못해서

굶을 수밖에 없다. 따라서 어린이 노동을 금지하는 것만으로는 충분하지 않다. 그것으로만 끝나 버리면 우리가 도와주려 했던 아이들은 결국 길거리 인생으로 살아가게 된다. 거기서 누군가는 범죄의 유혹에 빠지거나 굶어 죽게 되고, 누군가는 사창가로 흘러들어 갈 것이다.

규칙을 만드는 사람

세계화 과정을
조종하는
국제기구

주요 국제기구들

세계무역이 제대로 돌아가도록 하는 것은 누구일까? 자유무역을 방해하는 온갖 제약이나 관세를 철폐하는 것은 누가 결정할까? 세계화의 과정 뒤에서 모든 것을 조종하는 세력은 누구일까? 정치인과 정부일까? 아니면 회사 건물의 맨 꼭대기 층 사무실에 앉아서 보이지 않게 세계경제를 조종하는 거대 기업의 최고 경영자일까? 아니면 그들을 대신하는 어떤 조직이 여러 나라와 수많은 사람들의 운명을 좌지우지하고 있는 것일까?

세계화가 진척되면서 각 나라와 정부는 경제, 무역, 학문, 연구, 문화 등 여러 분야에서 점점 더 많은 협정을 체결하게 되었다. 이러한 협정은 두 나라, 또는 여러 나라 사이에서 맺어지거나 서로 비슷한 이해관계에 따라 결합한 국가연합체와 국제기구들 사이에서 맺어진다.

국가연합체의 예로는 유럽연합European Union, EU이나 아세안Association of South-East Asian Nations, ASEAN을 들 수 있다. 유럽연합은 유럽 여러 나라의 이익을 대변하며, 아세안은 동남아시아 여러 나라의 경제, 사회, 문화적 이해관계를 대변하기 위해 결성되었다. 또 유럽연합이나 아세안에 소속된 모든 나라는 현재 세계 150개 회원국(2013년 기준)이 가입한 세계무역기구World Trade Organization, WTO에

세계화가 진척되면서 서로 비슷한 이해관계를 가진
국가와 국제기구들은 점점 더 많은 협정을 맺고 있다

속해 있다. 세계무역기구WTO는 세계무역의 조건들을 규정하고, 그 규정을 위반한 나라에 대해 규제 조치를 취하기 위해 1995년에 출범한 주요 경제기구로, 모든 회원국이 똑같이 한 표를 행사해 공정하고 공평한 세계무역을 보장하는 것을 추구한다. 다시 말하면, 각 나라와 대륙들 간의 상호 교역에서 방해가 되는 관세를 철폐하고, 각종 재화와 서비스가 모든 나라에 동일한 조건으로 제공되도록 한다는 뜻이다.

그런데 이런 설립 목적에도 불구하고 세계무역기구에 대한 비판이 잦은 건 왜일까? 스위스의 사회학자 장 지글러Jean Ziegler는《세계의 새로운 통치자와 그 반대자들》이라는 책에서 세계는 더 이상 국가와 정부가 아니라 세계화를 조종하는 조직이 통치하고 있다고 말했다. 또한 그런 조직에서는 세계시장을 무대로 활동하는 대기업들과 그 기업 총수들의 영향력이 막강한데, 그들은 모든 것에서 돈벌이를 최우선으로 삼는다고 비판했다. 그들은 바로 이것을 위해 자기들 스스로, 또는 세계무역기구 등을 통해 시장의 규칙을 만들도록 했다.

이러한 비판에 대해 한 가지 더 보충해서 설명하자면 세계무역기구에서는 모든 회원국이 이의를 제기할 권리가 있다. 무역 장벽을 철폐하는 문제든, 지원금에 관한 문제든 국가 간에 발생하는 모든 분쟁은 서로 협의를 거쳐 타협점을 찾아야 한다. 만일 타협에 성공하지 못하면 마찰이나 분쟁을 조정하는 분쟁해결기구Dispute Settlement Body, DSB가 개입한다. 그러나 부유한 선진국들은 가난한 나라들과는 달리 최고의 법률가와 전문가들을 동원해 세계무역기구의 협상 과정을 자기들에게 유리한 쪽으로 가져가도록 얼마든지 영향력을 행사할 수 있다.

세계무역기구와 함께 중요한 역할을 하는 또 다른 국제기구로 세계은행World Bank, IBRD이 있다. 세계은행은 대규모 경제계획과 개발 프로그램에 신용 대출을 해 준다. 국제통화기금International Monetary Fund, IMF은 세계 각국의 통화정책을 감시하는 역할을 하며, 경제협력개발기구Organization for Economic Cooperation and Development, OECD는 선진 산업국가들 간의 경제협력과 개발도상국 원조를 추진한다.

그 밖에 세계화의 과정에서 결정적인 역할을 하는 국제기구들로 국제연합UN, 국제노동기구ILO, 국제연합식량농업기구FAO, 국제연합환경계획UNEP 등도 있다.

자유주의와 신자유주의

'자유주의Liberalism'와 '신자유주의Neoliberalism'의 두 개념은 항상 세계화와 결합해서 언급된다. 그런데 이것들이 대체 무슨 뜻일까? 간단하게 설명하자면 '시장이, 즉 수요와 공급의 법칙이 모든 것을 조절한다.'라는 모토에 따라 시장을 자유로운 경쟁에 맡겨야 한다는 뜻이다. 신자유주의에서는 국가가 개입해 약자를 보호하는 것에 반대한다. 또 돈 많은 강자가 자본을 늘리기 위해 온갖 수단과 방법을 동원하지 못하도록 조정하는 일에도 반대한다.

반면 독일의 경제체계와 같은 '사회적 시장경제(시장경제의 자유경쟁을 보장하면서도 사회질서의 유지에 대해서는 국가가 책임을 져야 한다는 경제정책)'에서는 국가가 질서를 잡는 역할을 한다. 국가가 모든 것을 통제하지는 않지만 조절이 필요한 곳에는 개입하는 것이다.

신자유주의는 그러한 국가의 조절 기능을 완전히 빼앗아 모든 것을 자본의 흐름에만 맡기려고 한다. 그래서 신자유주의를 '맹수 자본주의'라고 비판하는 사람들도 있다. 인간의 복지는 뒷전이고, 약육강식과 경쟁의 원칙을 내세워 오직 이윤의 극대화만 생각하기 때문이다.

자유무역이 정말 가능할까?

몇 년 전부터 세계무역기구WTO와 아시아, 남아메리카 지역 중심으로 결성된 다른 국제기구에서는 자유무역과 관련된 협상이 수없이 진행되고 있다.

이러한 국제회의 무대는 각자의 이해관계를 대변하는 세계무역기구WTO 회원국들의 다양한 목소리를 들을 수 있는 광장이나 다름없다. 각 나라는 자신들의 요구 사항과 희망 사항을 제시한다. 그러나 많은 협상에서 그렇듯이 대부분은 강대국들의 요구 사항이 채택된다. 가난한 나라들은 오래전부터 선진국들이 세계무역기구를 자신들의 목적에만 맞게 악용하고 있다고 비난해 왔다. 자기 나라 국민경제를 보호하기 위해서 자유롭고 공정한 무역의 확대를 막거나 지연시키고 있다는 것이다.

아프리카나 아시아에 위치한 가난한 나라들의 경우, 농산물을 선진국에 판매할 수 있느냐 없느냐의 문제가 그들의 생존과 직결되어 있다. 만일 농산물에 높은 관세가 붙어서 판매 가격이 너무 비싸지면 이들은 물건을 팔지 못한다. 그런데 잘사는 나라들은 벌써 수년 동안 이들에게 필요한 협정 체결을 방해하고 있다. 자기 나라의 농업을 보호하기 위해서이다.

그로 인해 세계무역기구 회원국들 사이에서는 다툼이 벌어지지만 잘살고 강한 나라들은 도무지 가난한 나라에 양보하려 하지 않는다. 자기들의 이익이 조금이라도 줄어들 위험이 보이면 가난한 나라를 원조해야 한다는 아름다운 구호도 곧바로 잊힌다. 결국 세

국제회의 무역 협상에서는 대부분 강대국의 요구가 채택된다.
가난한 나라들은 국제회의가 선진국들의 목적에 맞게
악용되고 있다고 비난한다

계무역을 공정하고 공평하게 이끌어 가자는 원래의 목적은 수포로 돌아가고, 대규모 국제기구인 세계무역기구도 그 영향력을 잃어버릴 위험에 처한다.

자유무역을 지지하는 사람들은 원래 추구했던 세계무역과 시장의 자유화는 꼭 필요하다고 말한다. 그렇지 않으면 가난하고 힘없는 나라의 상황도 더 나빠진다는 것이다. 비록 부정적인 측면이 많다고 해도 오늘날처럼 세계화된 세상에서는 국가 간의 무역 없이, 세계와 고립된 채로는 누구도 살아갈 수 없다.

자유무역을 지지하는 사람들은 자유무역의 성공을 이야기하면서 세계은행IBRD의 최근 경제 보고서를 그 근거로 제시하기도 했다. 그에 따르면 2013년 10월 기준, 동아시아 개발도상국들의 평균 경제성장률은 7.1퍼센트, 아프리카 전체 평균 경제성장률은 4.9퍼센트로 전망하고 있다.

그러나 이러한 성장률은 실제 경제성장 때문이 아니라 전 세계 원자재 값의 가파른 상승 때문이다. 또한 이 나라들은 경제성장의 이익을 내더라도 그것이 부패한 정치인들의 주머니로만 흘러들어가 국민들의 생활수준을 끌어올리는 데는 기여하지 못했다. 여기서도 다시 한번 확인할 수 있듯이 세계무역의 장벽을 허무는 것만으로는 충분하지 않다. 개발도상국이 정치적으로나 경제적으로 안정을 찾고 전체 국민의 복지를 확대하기 위해서는 선진국의 계속적인 원조가 절실하다.

자국의 이익 보호에 앞장서는 나라들

미국과 서유럽, 중국을 포함해 여러 신흥공업국들에서 일어나고 있는 일들을 나타내는 경제 용어로 '보호무역주의Protectionism'라는 것이 있다. 자기 나라의 이해관계를 보호한다는 뜻이다. 더 정확히 말하면, 세금 수입을 올려 주고 부를 가져다주는 자기 나라 다국적기업들의 이해관계를 보호해 준다는 것이다. 그런데 문제는 이런 보호무역주의가 자국의 산업을 보호하는 것만으로 그치지 않고 가난한 나라를 희생시킨다는 데 있다. 예를 들면, 개발도상국에서 들여오는 제품에 높은 관세를 부과해 불이익을 주는 방식이다.

경제학자들은 오늘날 선진국에서 보호무역주의가 다시 꽃을 피우고 있다고 경고하며, 그것은 자유무역이나 공정 무역과는 거리가 먼 파렴치한 행태라고 비판한다. 우리가 흔히 다른 사람에 대한 배려 없이 자기 이익만을 따지는 사람을 이기주의자라고 비난하듯이 말이다.

미국에서는 빌 클린턴Bill Clinton 대통령이 집권하던 시절이나 조지 부시George W. Bush 대통령이 집권한 초기만 해도 자유무역이 미

오늘날 중국산 제품이 넘쳐 나는 미국에서는 자국의 이익을 위해 보호무역주의가 다시 꽃을 피우고 있다. 특히 장난감 등 중국 제품늘은 안전성에 대한 우려도 계속 제기되고 있다.

국인 모두에게 일자리와 복지를 창출해 주는 것은 물론, 전적으로 미국에 이익을 가져다줄 것이라는 의견이 많았다. 그러나 그사이 중국 경제와 수출이 폭발적으로 성장하면서 대다수 미국인들의 생각은 달라졌다. 미국의 〈월스트리트 저널 Wall Street Journal〉과 NBC 방송국이 공동으로 벌인 설문 조사에 따르면, 전체 미국인 중 겨우 28퍼센트만 세계화에 찬성한다고 대답했다. 특히 미국의 압도적인 지지를 받았던 자유무역은 오늘날 비판의 대상이 되었다. 더 이상 미국인들의 이익을 대변하지 못하기 때문이다. 이제는 유럽 시장뿐 아니라 미국 전역의 백화점과 할인 매장에서도 중국산 제품이 넘쳐 난다. 특히 중국에서 만들어진 아이들 장난감의 경우는 유독성 화학물질에 대한 경고가 끊이지 않는다.

미국의 신문과 방송 매체의 전문가들도 세계화가 더 이상 국익에 도움이 되지 않는다고 말한다. 버락 오바마 Barack Obama 대통령 역시 2008년 11월에 있었던 대통령 선거전의 한 행사에서 이제는 제품의 값이 싸졌다는 게 만능이 될 수 없다고 강조했다.

"그 대가가 일자리를 잃는 것이라면 사람들은 결코 값싼 티셔츠를 원치 않을 것입니다."

많은 유럽 사람들도 그의 말에 동의할 것이다.

세계화에 대한 비판

G8 정상회담 반대 시위

2001년 7월 21일, 이탈리아 제노바에서 주요 8개국^{G8} 정상회담이 열렸다. 회담 장소는 항구 근처의 유서 깊은 장소 팔라초 두칼레였다. 8개국 지도자들이 모여 국민들의 미래에 대해 토론하는 동안, 도시의 거리와 광장 곳곳에는 전 세계 20만 명 이상의 시위자들이 모여들었다. 이들은 거리에서 야외극과 연주회, 전시회, 토론회 등을 개최하면서 점점 일방적이 되어 가는 세계화에 반대했다. 시위와 행사 대부분은 평화적으로 진행되었으나 소란을 피우고 행패를 부리는 사람들도 일부 끼어들었다. 안전 요원들은 점점 예민해졌고, 결국 경찰이 출동했다.

시위대가 대규모 집회를 위해 모인 오후 5시 30분경, 제노바대학교에서 문학을 공부하는 카를로 지울리아니라는 학생이 경찰이 쏜 총에 머리를 맞았다. 그는 그날 저녁 사망했다. 같은 날 밤 이탈리아 내무장관의 지시로 행동에 나선 경찰은 여러 숙소를 침입해 수많은 시위자를 체포했고, 무차별 폭력을 가했다. 시위자 가운데에는 독일 정치인들도 포함되어 있었다. 그들은 인터뷰에서 이탈리아 경찰의 폭력적인 진압에 분노했다.

2007년 6월 6일에서 8일까지 독일 하일리겐담에서도 G8 정상회담이 열렸다. 초청국 독일은 이 회담에 '성장과 책임'이라는 모토를 내걸었다. 회담의 주요 주제는 기후변화에 대처하고, 정의로운 세계무역을 구현할 수 있는 방안의 모색이었다. 세계 모든 나라가 자기들이 만든 제품을 아무런 제약 없이 세계시장에 내다 팔고 다른 물건을 사들여 경제성장과 복지를 실현할 기회를 얻게 하는 것이 관건이었다.

이중 삼중으로 방어막을 쳐서 대중과는 완전히 격리된 채 진행된 이 정상회담에서도 세계화를 반대하는 사람들의 대규모 시위가 열렸다. 텔레비전 방송은 회담이 진행되는 며칠 동안 회담 장소로 접근하려는 시위대의 행렬을 계속 보여 주었다. 하일리겐담 정상회담은 극단적인 안전조치 덕분에 큰 불상사 없이 막을 내렸다.

농민들의 시위

1999년 8월 12일, 프랑스 농민들은 트랙터를 이끌고 프랑스 남부 도시 미요에 있는 한 맥도널드McDonald's 매장 앞에 모였다. 햄버거와 감자튀김을 사 먹으려는 것이 아니었다. 세계무역기구WTO의 무역 규정에 반대하는 시위를 벌이기 위해서였다. 잠시 후 농민들은 트랙터로 건물을 들이받았고, 조립식 매장 건물은 무너져 내렸다. 다행히 인명 피해는 없었다.

> 66 프랑스 농민들은 트랙터로 맥도널드 건물을 들이받았다.
> 세계무역기구의 무역 규정에 반대하는 시위였다 99

이들의 행동은 프랑스와 세계 곳곳에 큰 반향을 불러일으켰다. 이 시위를 이끈 프랑스농민연합의 대변인 조제 보베는 프랑스의 맥도널드화와 저질 먹거리에 반대하는 운동으로 세계적으로 유명해졌다. 그가 쓴 책《인간은 상품이 아니다 ; 다국적 영농 기업에 반대하는 농민들》은 베스트셀러가 되었다.

조제 보베는 2001년 6월, 독일 시사 주간지 〈슈피겔Spiegel〉과의 인터뷰에서 이렇게 말했다.

"세계화는 제3세계를 파괴하고, 유럽 문명을 위협합니다. 세계화는 지금까지 있었던 모든 전쟁보다도 많은 사람을 죽이고 있습니다. 세계 인구 8억 명 정도가 상당 부분 세계화 때문에 굶주리고 있습니다. 이제 신자유주의의 거짓은 만천하에 드러나야 합니다. 시장이 인간을 위해 존재해야지 그 반대가 되어서는 안 됩니다."

세계화에 반대하는 사람들의 요구 사항

세계화를 분석해서 이끌어 낸 요구 사항들은 거의 모든 시위 행동에서 공통적으로 드러난다.

- 세상은 자본의 노예가 되고 있다. 무한 경쟁은 부자들에게만

유리하고 가난한 나라에는 기회조차 없다. 결국 다국적기업들의 힘만 커질 뿐 개발도상국은 피해를 본다. 잘사는 나라들은 전 세계의 자원을 무분별하게 채굴하고 있으며, 그 자원을 가진 나라들을 전혀 배려하지 않는다. 이 상황은 달라져야 한다.

- 이윤의 극대화라는 목표 때문에 환경보호가 등한시되고 있다. 환경보호를 위한 법을 더 엄격하게 만들어야 한다.

- 앞으로 개별 국가들과 그 정부는 발언권을 잃고, 거대 기업들의 뜻에 굴복하게 될 것이다. 이에 대응하는 조치를 마련해야 한다.

- 이 나라에서 저 나라로 옮겨 다니며 모든 것을 먹어 치우는 국제 투기 자본의 흐름을 막을 수 있는 법이 마련되어야 한다. 세금을 높게 부과하는 것도 한 방법이다.

- 기업들과 금융 투자자들이 다른 사람들의 희생을 대가로 부를 축적하는 경우에는 보다 강력한 책임을 지워야 한다.

- 전 세계의 문화적 다양성이 점점 사라지고 있다. 이를 막아야 한다.

물론 독일 하일리겐담 G8 정상회담에서도 다음과 같은 몇 가지 결의안을 마련했다. 그러나 앞으로 지켜 나가기로 노력한다는 약속만 발표했을 뿐 아무 법적인 구속력은 없었다.

- 기후변화에 대한 공동 대처

- 금융 투자자들의 활동에 대한 감시

- 신흥공업국인 중국, 인도, 브라질, 멕시코, 남아프리카와의
  협력 증대

- 모조품과 상표 도용에 대한 엄격한 대응

- 아프리카의 에이즈, 말라리아, 결핵 퇴치 지원

공정함을 위해 뛰는 단체들

세계화를 비판하는 국제 시민 단체 중 하나로 아탁Association for the Taxation of financial Transactions and Aid to Citizens, ATTAC이 있다. 정식 명칭은 '시민 지원을 위한 국제 금융거래 과세 연합'으로, 1998년 프랑스에서 창립되었으며 독일에서는 2001년부터 2만 명이 넘는 회원들이 각 지역에서 활동하고 있다. 독일 하일리겐담에서 G8 정상회담이 열렸을 때나 세계은행IBRD과 국제통화기금IMF, 또는 세계무역기구WTO의 연례 회의가 열릴 때면 아탁도 시위 행렬에 참가하고, 집회와 토론의 장을 마련한다. 또한 이들은 다른 시민 단체들과 연대해 가난한 나라들을 착취하는 결과를 낳은 이른바 '터보자본주의(Turbocapitalism, 돈이 되는 곳이면 어디든 맹렬하게 달려드는 자본시장의 공

격성을 비판한 표현*)'에 반대하는 시위를 벌이기도 한다. 아탁ATTAC은 지금 전 세계 41개국에서 활동하고 있으며, 보다 정의로운 세계를 구현하기 위해 노력하고 있다. 그러한 노력의 일환이 공정 무역 운동이다.

트랜스페어TransFair는 40여 개 이상의 교회 단체와 개발도상국 지원 단체가 연대해 설립한 공정 무역 단체로, 노동자와 농민을 착취하지 않고 공정한 방법으로 생산된 개발도상국 제품들을 후원한다. 중앙아메리카 커피 재배 농가와 아프리카 카카오 재배 농가가 트랜스페어의 지원을 받고 있으며, 이들이 생산한 커피와 카카오에는 공정 무역을 상징하는 특별한 인증 마크를 붙인다.

물론 이 제품들은 대기업에서 만든 제품보다는 값이 비싸다. 하지만 소비자들은 그런 커피나 카카오를 사면서 라틴아메리카와 아프리카의 농부가 공정한 대우를 받았고, 그의 노동에 대해 정당한 대가를 받았다는 사실에 안심할 수 있다.

양탄자와 의류 산업에도 그와 비슷한 인증 마크인 러그마크Rug-mark가 있다. 러그마크가 찍힌 양탄자는 어린이 노동으로 만들어지지 않았고, 노동자를 공정하게 대우했다는 점을 나타낸다.

독일에서 여러 교회와 노동조합들의 지원을 받는 클린 클로스Clean Clothes, 즉 깨끗한 옷 캠페인도 우리가 입는 옷을 만드는 가난한 나라 노동자들이 적절한 임금을 받는지, 안전하고 건강한 근로

페루의 커피 농장 농부이다. 세계 여러 단체들의 노력으로 아시아, 아프리카, 라틴아메리카에서 생산되는 커피, 카카오, 설탕 등의 공정 무역 거래가 점점 더 늘어나고 있다.

조건에서 일하는지, 또 어린이 노동을 금지하고 있는지에 신경 쓴다. 이런 단체들을 후원하는 일은 매우 중요하다. 가난한 나라의 노동자들을 착취해 온 기업들은 이윤이 줄어드는 결과가 나타나야만 지금까지의 행태를 바꿀 것이기 때문이다.

대안 세계화를 위해 노력하는 또 다른 비정부기구NGO로는 국제 인권 단체인 국제앰네스티Amnesty International, 그린피스Green-peace, 세계자연보호기금WWF, 아동 구호단체인 세이브더칠드런Save the Children, 적십자Red Cross, 국경없는 의사회MSF 들이 있다. 대부분의 단체가 인도주의 긴급 구호, 개발도상국 지원, 인권, 환경과 평화 등 특정 분야에서 전문적으로 활동한다. 이들은 세계에서 자행되고 있는 인권침해 상황을 적극적으로 파헤쳐 널리 알렸으며, 기부금 모금 운동 등 직접적인 행동을 통해 빈곤 지역을 도왔다. 또한 의료 지원을 위해서도 노력하고 있다.

세계경제포럼 VS 세계사회포럼

스위스의 고급 휴양도시이자 겨울 스포츠의 중심지인 다보스에서는 매년 1월이나 2월 세계 각국의 정상과 장관, 재계와 금융계의 최고 경영자, 학자, 일부 초청된 언론인 들이 모여 세계경제포럼

World Economic Forum을 연다. 이 회합에서 특히 세계무역에 관한 주제로 열리는 토론 프로그램에서는 세계를 더욱 책임감 있게 이끌어 가는 방안을 중점적으로 논의한다.

그러나 비판적인 시각에서 볼 때 세계경제포럼은 세계 각국 엘리트들의 그저 보여 주기 위한 행사에 지나지 않는다. 그래서 신자유주의와 세계화에 반대하는 비정부기구들과 진보적인 시민운동가들은 몇 년 전부터 세계경제포럼에 맞서는 세계사회포럼World Social Forum을 개최했다 (2001년 브라질 포르투 알레그레에서 처음 열렸다.). 참가자들은 세계 곳곳에서 모여들었다. 이들은 노동자 단체나 노동조합기구, 여성운동과 농민운동, 학생운동에 몸담고 있는 사람들이었다. 세계 각지의 환경 단체들도 적극 참가했다.

지난 20년 동안 크고 작은 규모의 비정부기구들이 전 세계적으로 수천여 개 결성되었다. 그리고 이들은 이제 인터넷을 통해 국제적으로 연대하면서 세계화의 부정적인 측면에 보다 빠르고 효과적으로 대항하고 있다.

이러한 새로운 운동에는 세계화의 부정적인 면을 반대하는 조직적인 형태의 운동만 있는 것이 아니다. 인디언을 비롯해 지역 토착민들과 수많은 소수민족의 저항운동도 있다. 이들은 세계화라는 이름으로 진행되고 있는 세계의 획일화에 반대하며, 자신들의 전통문화와 종교, 신화, 고유한 공동체 생활과 제식을 지키고자 한다. 뿐만 아니라 대기업들과 금융 투자자들이 추구하는 이윤에 예속되는 것을 거부한다.

세계사회포럼에 참가한 사람들은 다국적기업들을 향해 가난한 나라 저임금 노동자의 노동권과 그곳의 환경보호에 필요한 기준을 지키라고 호소한다. 노동자 착취와 어린이 노동, 일터에서의 여성 차별과 부당한 대우를 금지하고, 기본적인 사회보장을 실시하며, 노동자들의 건강권을 보장하라고 요구한다. 간단히 말해 인간의 얼굴을 한 세계화에 기여할 수 있는 모든 것을 준수하라는 것이다.

세계화에 반대하는 이러한 저항의 물결 속에서 사람들을 하나로 묶어 주는 가장 기본적인 요소는 세계화가 지금까지 걸어온 일반적인 발전에 대한 불만이다. 많은 사람들이 일자리를 잃을까 봐 두려워하고, 거대 기업의 힘을 두려워한다. 이들은 이미 전 세계 사람들에게 자신들의 게임 규칙을 강요하는 권위주의적이고 전체주의적인 체계와 동일시되고 있다. 우리는 급속도로 발전해 나가는 세계화와 함께 인류 역사상 이제껏 존재한 적이 없었던 현상을 체험하는 중이다.

2007년 독일 하일리겐담 G8 정상회담 때 벌어진 집회에는 시위대뿐만 아니라 보수적인 시민들까지 대거 참석했다. 집회에서 한 주민은 수많은 카메라 앞에서 "더 이상은 함께할 수 없습니다."라고 말했다. 그는 세계화에 반대하는 사람들의 행동을 칭찬했다. 그러면서 많은 사람들이 원칙적으로는 세계화에 반대하지 않지만 세계화에서 잘못된 부분들은 다시 생각해 보기를 원한다고 했다.

지난 몇 년 사이에 이루어진 엄청난 변화와 급속한 발전 속도는 동유럽 사람들에게도 모순된 감정을 불러일으켰다. 그들은 공산주의 체제와 수십 년 동안 서로 적대 관계에 있던 동서 진영이 무너지고 나면 경제가 비약적으로 발전할 것으로 믿었다. 당시 많은 사람들, 특히 정치인들은 황금시대가 시작될 것으로 예상했다. 대다수 국민에게 일자리와 복지를 가져다줄 수 있는 무한한 경제성장이 이루어질 거라고 말이다.

세계화의 승리자들 중 하나인 독일에서도 그사이 많은 사람이 생각을 바꾸었다. 물론 세계화를 찬성하던 사람들이 완전히 반대하는 쪽으로 넘어가지는 않았다. 그러나 세계화에 회의적인 태도를 보이는 사람들이 점점 늘고 있고, 세계화의 부정적인 측면에 국가가 더 강력하게 개입해야 하며 가난한 나라에 있는 사람들도 잊지 말아야 한다는 요구도 높아지고 있다.

세계화를 지지하는 사람이든 반대하는 사람이든 세계화의 수레바퀴를 이제는 되돌릴 수 없다는 사실을 잘 안다. 세계화는 이미 존재하고 다시 사라지지는 않을 것이다. 문제는 돌이킬 수 없는 이 과정을 어떻게 하면 최대한 많은 사람이 이익을 얻을 수 있는 쪽으로 이끌어갈 수 있을까 하는 것이다. 세계화를 비판하는 사람들은 바로 그 점을 환기시키기 위해서 세계화의 부정적인 측면을 끊임없이 들춰내고, 때로는 급진적인 방법을 동원해 새로운 세계 지도자들에게 항의하고 있다.

우리는 모두 똑같아질까?

문화 복제 인간

- 러시아 모스크바 시내에 이케아IKEA 매장이 새로 문을 연 날, 5만여 명의 인파가 몰려들면서 주변 일대 교통이 마비되었다.

- 바비Barbie 인형은 전 세계에서 1초당 3개씩 팔려 나간다.

- 세계 어디서나 해리포터Harry Potter와 볼드모트Voldemort의 이야기를 모르는 사람은 거의 없다.

- 일본 도쿄의 오페라하우스에서는 가장 독일적인 작곡가로 알려진 리하르트 바그너Richard Wagner의 작품이 공연된다. 사람들은 공연이 끝난 뒤에는 모차르트Mozart 카페에 가서 커피를 마신다.

- 독일 학생인 로날트는 교환학생으로 1년간 미국 신시내티의 한 고등학교에 다닌다. 학교 밴드부의 드러머로 활동하는 그는 음악 경연에 참가해 상을 받기도 했다.

- 유럽 7개국에서 모인 청년들이 프랑스 남부 베지에르 근처에서 열린 국제워크캠프에 참가했다. 이 캠프에서 청년들은 복원 기술자들과 함께 성곽을 발굴하는 일을 돕는다.

- 독일 쾰른에서 경영학을 공부하는 인도 뉴델리 출신의 샤리는 자기 오빠가 독일 소프트웨어 회사에서 일할 수 있도록 자리를 알아봐 주고 있다.

- 세계 각지에서 온 대학생들이 타이완 타이페이대학교의 강의
  실에서 영어로 진행하는 물리학 강의를 듣는다.

세계화의 과정을 통해 우리 모두가 똑같아질까? 언젠가는 각 나라의 고유한 특징과 관심사를 가진 유럽인, 미국인, 아시아인의 구별도 없어질까? 우리는 나중에 모두 같은 언어로 말하고 똑같은 문화를 가지는 문화 복제 인간이 될까?

독일 에센에 있는 한 철강 회사에서 영업부장으로 일하는 도르플러 씨는 세계 곳곳으로 자주 출장을 다닌다. 그는 오스트레일리아 시드니 시내에 있는 한 호텔 바에서 사업 친구를 만나 불평을 늘어놓았다.

"어디서나 맥도널드McDonald's와 스타벅스Starbucks를 만나게 되다니 정말 끔찍하군. 부자 나라든 가난한 나라든 이제 세계 어디를 가건 상점마다 핫도그와 치즈버거를 팔고 있어. 모든 것이 다 비슷비슷해져 버렸다고! 예전에는 그렇지 않았어. 스페인이나 프랑스, 포르투갈, 미국 뉴욕을 가면 다른 데서는 찾을 수 없는 그 도시만의 흥미롭고 독특한 물건들을 볼 수 있었지. 그런데 요즘은 어떤가? 상점과 슈퍼마켓이 들어선 거리 어디를 가나 비슷한 물건들을 팔지 않는가? 먹을 것이라고는 감자튀김과 핫도그, 햄버거, 피자

McDonald's

이제 세계 어디서든 맥도널드와 스타벅스를 만날 수 있다.
각 나라의 문화적 차이는 점차 사라지는 걸까?

뿐이고.

프랑스 파리, 폴란드 브레슬라우, 미국 뉴욕, 일본 도쿄, 영국 런던 등 세계 여러 나라의 대도시를 가 보면 루이비통, 보스, 프라다, 샤넬, 구치 등 유명 브랜드들의 매장이 즐비한 쇼핑가를 쉽게 발견할 수 있을 거네. 기차역과 공항, 쇼핑센터에 들어가면, 청소년들이 하나같이 청바지와 운동화, 티셔츠 차림에 야구 모자를 쓰고 대형 오락실에서 총 게임에나 열중하고 있고 말일세."

도르플러 씨의 탄식이 과장된 걸까? 그는 현재의 발전 과정을 너무 부정적으로만 보는 것일까? 아니면 이미 모든 것이 다 똑같아지고, 전 세계적으로 문화가 통일되어 각 나라의 문화적 차이를 더는 찾아볼 수 없게 된 걸까?

개발도상국에 패스트푸드점 혹은 세계적인 체인점이 있는 것이나 필리핀 마닐라나 이집트 카이로, 인도 뉴델리 사람들이 인터넷 카페에 가는 것을 도르플러 씨는 왜 반대하는 걸까? 오히려 외국 레스토랑이나 다른 물건들을 통해 타 문화와 교류하는 게 우리의 삶을 한층 더 풍요롭게 만드는 것은 아닐까?

도르플러 씨는 이 문제를 엘리트 의식을 가진 사람이나 여행을 즐기는 서양인의 입장에서만 생각했을 것이다. 그는 자신이 여행하는 나라에서 그 나라만의 고유한 특징을 찾기를 바랐다. 사실 현지인들은 가난한 삶을 뜻하는 그러한 고유성에 특별한 가치를 두지도 않지만, 일단 그 문제는 제쳐 두기로 하자. 도르플러 씨의 탄식은 단순히 세계가 다 똑같아질지도 모른다는 미래에 대한 걱정일 수 있다. 세상이 어딜 가나 똑같다면 새로운 것을 보고 배우기 위해서 외국에 나갈 필요가 없어질 테니 말이다.

하지만 그러한 걱정은 어떤 면에서는 타당성이 있다. 여행을 다녀 본 사람이라면 그 사실을 쉽게 알 수 있고, 도르플러 씨의 불평에 더 많은 내용을 덧붙일 수도 있을 것이다. 그러나 인간과 문화의 혼합은 예전부터 늘 있었다. 세계화는 외국 문화의 일부를 수용해 자기화하는 것을 가능하게 하니 말이다. 예를 들어 아라비아의 음악과 건축술은 중세 초기에 남부 유럽으로 퍼져 나간 바 있다.

오늘날에는 유럽에 사는 사람들도 인도나 라틴아메리카 음악을 변형시킨 팝 음악을 즐겨 듣는다. 미국 뉴욕에서 만들어진 음악이 홍콩의 디스코텍에서도 흘러나온다. 이처럼 음악의 세계화는 우리의 삶을 더 풍요롭게 해 주었다. 다른 예술 분야도 마찬가지다. 그러나 가브리엘 가르시아 마르케스(Gabriel García Márquez, 콜롬비아의 소설가이자 정치 운동가)의 소설에 푹 빠져 있다고 해서 우리가 콜롬비아 사람이 되는 것은 아니다. 또 맥도널드McDonald's에 가고 할리우드Hollywood 영화를 즐겨 본다고 해서 미국인이 되는 것이 아니며, 이슬람 음악을 즐겨 듣는다고 기독교인이 곧바로 이슬람교로 개종하는 것도 아니다. 밤새 텔레비전으로 중계되는 미식축구 결승전을 보는 사람도 주말에는 자기가 좋아하는 축구팀이나 야구팀을 응원하기 위해 경기장에 간다.

그 밖에도 다른 나라의 문화가 우리 개인에게 얼마나 중요하고, 우리 삶에 얼마나 많은 영향을 미치는지를 보여 주는 예들은 수없이 많다. 그러나 중요한 것은 누구나 자신의 출생과 종교, 문화, 역사, 법률, 다양한 사회적 관계 속에서 형성된 고유한 전통을 갖고 있다는 사실이다. 그러한 전통은 단순히 햄버거를 먹고 외국의 소설과 영화, 음악을 즐긴다고 해서 몇 년 사이에 쉽사리 변하지 않는다. 비록 그러한 추세가 눈에 띄게 드러나고는 있지만 인간과 인간, 문화와 문화 사이의 차이는 쉽게 사라지지 않는다.

사람들 스스로 그러한 경향을 인식하고 거기에 휩쓸리지 않는 것도 중요하다. 모두가 자신의 문화적 뿌리를 충분히 자각하고 있다면, 세계화의 거센 물결과 활발한 국제 교류에도 불구하고 흥미롭고 풍부한 문화의 차이는 언제나 존재할 것이다.

물론 거리를 지날 때 똑같은 상품을 파는 매장만 보이고, 작은 규모의 개인 상점이 사라져 가는 것은 안타까운 일이다. 그러나 민주주의 나라에서 그것을 강제로 조정할 수는 없다. 우리 스스로가 그러한 획일성을 얼마만큼 받아들일 수 있을지 결정해야 한다. 획일적인 문화를 원치 않는다면 거기에 저항하는 것도 우리에게 달린 문제다. 복제된 세상은 우리가 그것을 허용할 때만 나타날 것이기 때문이다. 우리는 소비 행태를 스스로 결정할 수 있다. 조금 과장해서 말한다면 세계화 과정은 슈퍼마켓에서, 의류 매장에서, 서점에서, 영화관에서, 패스트푸드점에서도 결정된다고 할 수 있다.

여기서 한 가지 더 중요한 것은 우리가 그러한 것들을 결정해서 살 만한 능력이 있는가 하는 것이다. 결국은 돈의 문제이다. 서양에서는 시민들이 스스로 선택해서 소비하면 되겠지만 가난한 나라 사람들에게는 그러한 선택권 자체가 아예 없으니 말이다.

모두가 나이키를 살 수 있을까?

그리스 신화의 승리의 여신 '니케Nike'에서 유래한 나이키Nike는 미국 오레곤 주 비버튼에 본사를 둔 세계적인 스포츠용품 회사이다. 전 세계의 축구장과 다른 경기장에서 쉽게 볼 수 있는 이 브랜드는 각 나라의 국기보다도 더 잘 알려져 있다. 날렵한 고리 모양의 이 브랜드가 새겨진 운동화와 티셔츠는 청소년들 사이에서 인기가 매우 높다. 아이들 말처럼 쿨해 보이고, 같은 또래들 사이에서 인정을 받는 것처럼 보이기 때문이다. 그러나 가격이 꽤 비싸서 부유한 계층의 아이들만 신을 수 있다. 돈은 없지만 이 브랜드 아디다스Adidas와

나이키Nike는 각 나라의 국기보다도 더 잘 알려진 세계적인 브랜드이다. 청소년들 사이에서 인기가 높지만 전 세계 누구나 이 브랜드의 제품을 가질 수 있는 것은 아니다.

)를 신고 싶어 하는 아이들은 그 대안으로 소위 짝퉁을 구입하기도 한다.

이처럼 우리가 사는 세상에서는 여전히 사회적 불평등이 결정적인 역할을 한다. 잘사는 나라 아이들은 원하는 것을 가질 수 있다. 가난한 나라 아이들은 그럴 수 없다. 하지만 가난한 나라 아이들도 텔레비전과 인터넷을 통해, 또는 멋진 옷차림으로 찾아와 호텔과 해변을 차지하는 관광객들을 보며 잘사는 나라가 어떻게 돌아가는지 잘 알고 있다. 여기 아이들이 관광객들을 보면서 무슨 생각을 할지는 쉽게 상상할 수 있을 것이다.

관광객들은 며칠이고 몇 주고 아무 일도 하지 않으면서 한가하게 시간을 보낸다. 차를 빌려 여기저기 돌아다니거나 스킨스쿠버와 낚시 체험을 즐기고, 기념품을 산다. 그처럼 멋진 삶이 어디 있단 말인가! 그러니 가난한 나라에 사는 '세계화 세대'가 선진국을 동경하고, 그 모든 것을 누리고 싶어 하는 것은 당연하다. 국제 대중매체에서도 '너희도 모든 것을 가질 수 있다!'고 끊임없이 선전하고 암시한다. 세계화된 세상에서는 거리가 멀리 떨어져 있다고 정보까지 막혀 있는 것은 아니니 말이다.

그 말은 이제 가진 사람과 못 가진 사람 사이의 불평등을 쉽게 받아들이지 않게 되었다는 뜻이기도 하다. 사람들은 직접적인 방법으로, 또는 간접적으로 꿈을 향해 출발한다.

오늘날 가난한 나라에 사는 세계화 세대는 북반구의 많은 사람이 풍족하게 산다는 사실을 잘 안다. 예전에는 그런 소식을 남들에게 들어서 알았지만 지금은 텔레비전 광고 채널만 틀어도 누구나 바로 알 수 있다. 그러다 보니 더 나은 삶에 대한 소망과 동경은 점점 더 강해진다. 그래서 수만 명이 어떤 식으로든 그 목표를 이루기 위해서 험난한 여정에 오른다. 그러고는 유럽의 국경에 와서는 문을 세차게 흔들면서 소리친다.

"나도 저 안으로 들어가겠어!"

울리히 벡과 엘리자베트 벡-게른스하임은《세계화 세대 ; 충돌 코스》라는 책에서 그것이 가난한 나라에서 온 세계화 세대의 좌우명이라고 설명한다.

그 말은 무슨 뜻일까? 모두가 똑같아지고 싶다는 말은 분명 아니다. 살아가는 데 필요한 기본적인 것들, 물과 식량, 일거리에 대한 걱정 없이 행복하고 충만한 삶을 누릴 수 있는 권리를 얻는 것을 말한다. 거기에 아주 약간의 사치를 누릴 수 있는 기회가 주어진다면 더 바랄 것이 없을 것이다.

돈과 소비만으로 우리가 다 행복해지는 것은 아니다. 그러나 그 두 가지를 전혀 갖지 못한 사람이 불행하다는 사실은 누구도 부인하지 못한다.

세계화의 미래

정치인들은 "미래를 위해 단련해야 한다."라거나 "세계화의 도전에 대비해야 한다."라는 말을 자주 한다. 그들이 하는 말은 국가 경제를 튼튼히 하고, 성장에 집중해 점점 치열해지는 세계화 속에서 경쟁력을 키우라는 것이다.

전적으로 맞는 말이다. 다만 거기에 한 가지 덧붙이자면, 우리 시민들도 스스로를 단련하고 책임을 함께 나누어야 한다. 자기 나라뿐 아니라 다른 나라의 정치적, 경제적 조건들에 대해서도 알아야 한다는 뜻이다. 세계화의 시대에는 우리의 미래를 정치인들이나 기업인들의 손에만 맡겨 놓아서는 안 되기 때문이다.

오늘날에는 여러 사람과 연대하거나 다양한 분야에서 적극적으로 활동하는 단체와 교류하는 일이 훨씬 쉬워졌다. 덕분에 많은 사람이 세계화의 부정적인 측면을 알리고 극복하기 위해 함께 활동하고 있다. 여러분이 이 책을 읽으면서 더 많은 것을 배우고 싶어 하고, 우리의 미래를 가꾸어 나가는 데 동참할 뜻을 갖게 된다면 더 바랄 것이 없다.

- **개발도상국**(제3세계) : 아프리카, 아시아, 라틴아메리카, 카리브 해, 오세아니아 지역의 저개발 국가. 선진국들과 비교할 때 경제 수준과 1인당 국민소득이 낮다. 그러나 이 지역에는 전 세계 인구의 거의 3분의 2가 살고 있다. 냉전 시대에는 개발도상국을 '제3세계'로 불렀지만 오늘날에는 거의 사용하지 않는 명칭이다.

- **공산주의** : 고대 초부터 존재했던 정치 이론. 공산주의 이론에 따르면 모든 사람이 모든 것을 공유한다. 19세기에 산업화가 시작되고 대다수 노동자들이 점점 가난해지는 상황을 보면서 카를 마르크스 Karl Heinrich Marx, 1818~1883가 공산주의 사회 이론을 발전시켰다. 레닌 Vladimir Ilich Lenin, 1870~1924은 마르크스 이론을 계승 발전시켜 국제적인 혁명운동에 많은 영향을 주었다. 공산주의 이론을 토대로 소비에트 연방과 다른 공산주의 국가들이 탄생했지만 많은 나라가 체제를 오랫동안 유지하지 못했다. 오늘날에는 몇몇 국가만이 공산주의 체제를 따르고 있다.

- **국내총생산** GDP : 한 나라가 일정 기간 동안 생산한 모든 재화 (자동차, 컴퓨터, 세탁기 등의 물건)와 용역의 가치를 합한 것. 그 나라의 경제 능력을 나타내는 지표로 사용되며, 이 수치로 각 나라의 국민경제를 서로 비교할 수 있다.

- **국제연합** UN : 전쟁 방지와 평화 유지를 위해 설립된 국제기구. 1945년에 미국 뉴욕에서 시작되어 현재 거의 모든 나라가 가입해 있다. 세계 분쟁을 조정하고 전쟁을 방지하는 것이 목표이며, 수많은 산하 기구들이 있다.

- **권위주의적 체제 / 전체주의적 체제** : 다른 정당이나 그룹의 참여를 방해하는 정치 체제나 정부. 이러한 정부는 비판이나 반대를 용납하지 않는다.

- **규제 완화** : 경제활동에 더 많은 자유를 부여하기 위해서 국가나 지방자치단체의 각종 규제와 규정, 법을 완화하거나 철폐하는 것.

- **보조금** : 국가가 특정한 지역의 발전을 위해, 또는 한 산업 분야의 성장을 돕기 위

해 제공하는 직접적인 재정 지원이나 세제 혜택.

- **보호무역주의** : 자국의 산업을 보호하기 위해서 외국에서 들여오는 제품에 높은 관세를 부과하거나 수입량을 제한하는 등의 특별한 조치를 취하는 무역 제도. 수입품의 가격을 올려 자기 나라 제품의 경쟁력을 높여 준다.

- **서비스** : 물질적인 재화를 생산하는 것이 아니라 우리의 욕망을 충족시키는 데 필요한 일을 제공하는 것. 의사나 간호사, 경찰, 은행원, 미용사 등이 서비스업에 종사하는 사람들이다. 최근에는 점점 더 많은 사람이 서비스업에 종사하고 있다. 그래서 현대사회를 '서비스 사회'라고도 한다.

- **식민주의** : 200년 전 유럽 열강은 침략 정책을 통해 다른 지역에 있는 많은 나라를 속국으로 삼았다. 이러한 식민주의의 목표는 식민지를 경제적으로 이용하고 군사적 거점으로 세워 자국의 세력을 강화하고 확대하는 것이었다. 해상국이었던 영국, 스페인, 포르투갈, 프랑스, 네덜란드가 여러 대륙에 수많은 식민지를 세웠다. 그동안 식민지 사람들은 아무런 권리를 갖지 못한 채 숱한 착취를 당했다.

- **신흥공업국** : 예전에는 가난한 개발도상국으로 분류되었지만 산업이 발전함에 따라 새롭게 공업화된 나라. 한국, 싱가포르, 타이완, 홍콩은 신흥공업국에서 선진국으로 한 단계 발전했고, 브라질, 멕시코, 타이, 중국, 인도 등이 새로운 신흥공업국에 포함된다.

- **아동권리협약** : 전 세계 아동의 사회, 문화, 경제에 대한 권리를 포괄적으로 규정한 국제조약. 1989년 11월 20일, 국제연합 UN 총회에서 채택되어 191개국이 비준했다. 약 50여 개 조항으로 이루어져 있으며, 무엇보다 아동에 대한 폭력과 착취 금지를 규정하고 있다. 그러나 안타깝게도 세계 곳곳에서 이 협약의 위반 사례를 쉽게 볼 수 있다.

- 아탁 ATTAC : '시민 지원을 위한 국제 금융거래 과세 연합 Association for the Taxation of financial Transactions and Aid to Citizens'의 줄임말. 1998년 프랑스에서 결성되었다. 정치적, 사회적, 생태적 정의를 실현하기 위해 행동하는 국제적 시민 연대 조직이다.

- 유럽 요새 : 유럽으로 들어오려는 세계 여러 나라의 난민 행렬을 막기 위해 유럽연합EU이 실시하는 강력한 방어 정책을 일상적으로 이르는 말.

- 이민 : 정치적, 종교적, 경제적 이유로 자기 나라를 떠나는 일. 이런 사람들을 이민자라고 한다. 한 나라 안에서도 어쩔 수 없이 살던 곳을 옮겨야 하는 경우가 발생할 수 있다 (강제 이주).

- 자본주의 : 사회 경제체제의 하나. 자본가는 자신이 가진 자본 (돈이나 경제적 가치가 있는 다른 물건)으로 생산 활동에 참여해 제품을 생산하고, 그 제품을 판매해 부를 늘릴 수 있다. 현대 자본주의 산업사회에서 국가는 개인의 사유재산을 보호해 준다. 그러나 그 과정에서 다른 사람들이 착취당하지 않도록 법이 전반적인 경제활동을 조절한다.

- 자원 : 자연계에서 얻을 수 있는 석유, 가스, 철광석, 그 밖에 모든 미네랄 물질. 나무와 같은 유기 자원을 포함해 물, 공기, 토지 같은 기본적인 영역도 자원으로 분류된다. 현대 산업사회에서는 일, 자본, 지식, 정보도 자원으로 간주된다.

- 주식 : 한 기업 (주식회사)이 보유한 총자본에 대해서 일정한 액수의 권한을 갖고 있다는 사실을 증명하는 증서. 주식을 가진 사람 (주주)은 그 회사의 공동소유자가 되어 기업의 이익에 관여할 뿐만 아니라 손실의 위험도 함께 떠안는다.

- 투자 기금 : 투자회사가 다른 회사와 건물, 쇼핑센터 등의 지분을 얻기 위해서 투자하는 자금. 단순히 은행에 맡겼을 때보다 더 많은 수익을 올리기 위해서 투자회

사에 맡겨서 대신 관리하게 하는 돈이다.

- **혁신** : 영어의 이노베이션 Innovation이라는 단어에는 Nova(새로운 것을 뜻하는 라틴어)
가 숨어 있다. 혁신은 새로운 발견이다. 새로운 영화와 제품을 위해 많은 노력과 대
규모 투자가 이루어지는 세계화의 시대에 이 말이 자주 쓰이는 것은 당연하다.

- **FAO** : 국제연합 UN의 한 기구인 식량농업기구 Food and Agriculture Organization
의 줄임말. 1945년에 창설되었다. 가장 중요한 과제는 세계 여러 나라의 식량 분배
를 개선하고 빈곤을 퇴치하는 것이다.

- **G8 정상회담** : 세계경제 대국인 미국, 일본, 영국, 프랑스, 독일, 이탈리아, 캐나
다 등 서방 선진 7개국G7과 러시아로 구성된 정상회담. 1976년부터 정기적으로 개
최하고 있다. 이 회담에서는 경제정책 외에도 테러리즘, 환경보호, 개발도상국 지
원 정책, 실업 정책 등 국제적인 현안이 다루어진다.

- **IBRD**(세계은행) : 1944년에 설립된 국제 금융기관. 국제부흥개발은행 International
Bank for Reconstruction and Development이라는 이름에서 알 수 있듯이 제2차 세계
대전 이후 황폐화된 국가들의 재건 비용을 지원하기 위해 만들어진 기구였다. 오
늘날에는 그 역할이 확대되어 전 세계의 빈곤 퇴치 역할을 하며, 많은 나라에게 경
제 발전을 위한 도로, 철도, 발전소 건설비 등을 대출해 준다.

- **ILO** : 국제연합의 전문기구인 국제노동기구 International Labour Organization의 줄
임말. 노동과 사회 분야에서 국제 수준을 관철시켜 공정하고 인간다운 세계화를
이루고자 한다.

- **IMF** : 국제통화기금 International Monetary Fund의 줄임말. 1944년에 세계은행과
함께 창설된 국제연합 산하 전문기구로, 통화정책에서 회원국들 간의 협력을 증진
하고 통화위기에 처한 나라에 구제금융을 준다.

- NGO : 비정부기구 Non Governmental Organization 의 줄임말. 공동의 목표를 추구하는 사람들이 결성한 국제조직으로, 국가의 영향을 받지 않는 민간단체가 그 중심을 이룬다. 세계화를 반대하는 많은 단체, 교회와 스포츠 단체, 환경 단체들도 여기에 속한다.

- OECD : 경제협력개발기구 Organization for Economic Cooperation and Development 의 줄임말. 1961년에 창설되었으며 본부는 프랑스 파리에 있다. 이 기구의 목표는 경제협력 강화, 세계무역 확대, 개발도상국 원조이다.

- UNEP : 국제연합환경계획 United Nations Environment Programme 의 줄임말. 환경의 소리를 자처하는 전문기구로, 1972년에 창설되었으며 케냐의 나이로비에 본부를 두고 있다. 환경과 관련된 다른 국제기구들과 협력해 환경 보전 활동에 도움을 주고 있다.

- WTO : 세계무역기구 World Trade Organization 의 줄임말. 1995년에 출범한 국제연합의 전문기구이며, 전 세계적인 경제협력을 돕기 위해 만들어졌다. 세계무역을 위한 광범위한 교역 조건을 만들어 내는 것이 주요 과제이며, 그중 하나가 159여 개 회원국의 관세, 무역 장벽을 완화하거나 철폐하도록 하는 것이다. 각 국가가 불이익을 받지 않으면서 국가 간의 무역 관계를 최대한 자유롭고 단순하게 형성하는 것을 목표로 한다. WTO는 1996년까지 있었던 관세 및 무역에 관한 일반협정 General Agreement on Tariffs and Trade , 즉 가트 GATT 를 대체하기 위해 설립되었다.

• 책

《넌 네가 얼마나 행복한 아이인지 아니? ; 여행작가 조정연이 들려주는 제3세계 친구들 이야기》, 조정연 지음, 국민출판사, 2006년
학교도 가지 못하고 노예처럼 일하는 어린이, 극빈한 환경에서 최소한의 의식주도 해결하지 못하는 어린이, 전쟁으로 희생되는 어린이 등 제3세계로 불리는 가난한 여러 나라 어린이의 현실을 담은 책. 어린이 인권 선언의 가치를 소중히 새기고, 더불어 우리들로 하여금 세계화된 세상 속에서 나눔과 봉사 정신을 실천할 의무를 느끼게 한다.

《또 다른 세계화》, 도미니크 볼통 지음, 살림출판사, 2012년
경제적인 측면에 치중된 세계화를 소통이라는 가치로 바라본 책. 저자는 세계가 오늘날 하나의 거대한 마을이 되었음에도 정치적, 사회적, 문화적 분절은 더욱 커졌다는 데 주목한다. 최근 세계의 핵심적인 쟁점인 '아랍의 봄', '후쿠시마의 반향', '유럽 재정 위기' 등의 이야기를 통해 경제적이고 기술적인 세계화뿐만 아니라 서로 소통하고 존중하는 세계화의 중요성을 주장한다.

《르몽드 세계사 ; 우리가 해결해야 할 전 지구적 이슈와 쟁점들》, 르몽드 디플로마티크 기획, 휴머니스트, 2008년
국제 시사 문제 전문지 〈르몽드 디플로마티크 Le Monde Diplomatique〉가 꼽은 세계의 주요 현안과 국제적 이슈, 쟁점을 담은 책. 지구온난화, 기아, 불평등, 국제범죄, 테러, 민족 분쟁 등을 국제 전문 기자, 국제 정치학자들이 명쾌하게 분석해 준다. 또한 이를 정밀한 지도로 표현해 현대 세계의 모습을 보다 체계적으로 이해할 수 있도록

했다.

《바람을 길들인 풍차소년 ; 열네 살 캄쾀바, 아프리카에 희망의 불을 켜다》, 윌리엄
캄쾀바 · 브라이언 밀러 지음, 서해문집, 2009년
2007년 탄자니아 아루샤에서 열린 TED (미국의 비영리 재단) 회의와 한 아프리카 청년의
연설 이야기. 이 청년은 가난에 시달리던 마을에 전기를 공급하겠다는 계획을 세우
고 끝내 풍차를 만들어 낸다. 전기와 깨끗한 물로 사람들의 삶을 바꾸어 놓은 이 청년
이 오랜 세월 서양에 착취당하고 미래를 잃은 아프리카를 위해 다양한 사회 공헌 활
동을 벌이는 일화를 담고 있다.

《벌거벗은 원숭이에서 슈퍼맨으로 ; 세계화, 미디어, 유전자 조작을 둘러싼 전 지구
적 음모》, 데이비드 스즈키 · 홀리 드레슬 지음, 검둥소, 2009년
세계적인 유전 공학자 데이비드 스즈키와 방송 작가 홀리 드레슬이 2년여간 200명이
넘는 과학자 · 활동가 · 기업가 · 정치인 등을 만나 세계화와 지구의 문제에 대해 인터
뷰한 책. 자원을 너무 많이, 너무 빨리 소비하는 행태가 오늘날 지구의 문제들을 불러
왔다고 비판한다. 그리고 이에 저항해 삶의 변화를 이끌어 내야 함을 주장하고 있다.

《세계의 빈곤, 남반구와 북반구의 비밀》, 카리나 루아르 지음, 사계절, 2010년
세계화의 역사와 힘의 논리에 따른 국제 관계, 그리고 이에 따른 세계경제의 흐름을
유기적으로 설명해 주는 그림책. 북반구 나라 사람들은 비만으로 고민하는데, 왜 같
은 시간 남반구 나라 사람들은 굶주림에 지쳐 목숨을 잃는 걸까? 북반구는 점점 부유
해지는데, 왜 남반구는 점점 가난해질까? 부의 분배가 제대로 이루어지지 않는 오늘

날 세계의 모습과 불평등의 원인을 그림으로 쉽게 이해할 수 있다.

《세계화와 싸운다》, 폴 킹스노스 지음, 창비, 2004년
영국의 한 기자가 여덟 달 동안 다섯 개 대륙을 다니며 목격한 저항운동을 기록한 기행문. 이탈리아 제노바에서 열린 G8 정상회담, 정부와 다국적기업을 물리친 볼리비아 국민, 독재 지주의 땅을 삶의 터전으로 가꾼 브라질의 농민운동 이야기 등 세계화의 부정적인 영향 속에서 현지인이 겪은 고통, 그리고 희망의 생생한 기록을 담았다.

《세계화의 덫》, 한스 페터 마르틴 · 하랄트 슈만 지음 , 영림카디널, 2003년
세계화의 물결이 가져온 오늘날 경쟁 사회를 비판하는 책. 세계적으로 활약하고 있는 금융자본과 정치가들, 다국적기업이 지금 세계 속에서 과연 무엇을 하고 있는지를 보여 준다. 또한 세계의 20퍼센트 사람만이 잘살고, 80퍼센트의 사람이 그렇지 못한 이유를 설득력 있게 들려준다.

《조용한 · 대공황 ; 앞으로 20년, 저성장 시대에서 살아남기》, 시바야마 게이타 지음, 동아시아, 2013년
2008년 미국발 경제 위기 이후 지속되고 있는 세계 경기 침체의 원인을 세계화에서 찾고 있는 책. 여러 나라가 세계화 덕분에 경제성장을 이룩한 것은 사실이지만 반대로 오늘날에는 이것이 국가 경제에 부담을 주고, 실업자를 양산하고, 양극화를 가져오고 있다고 비판한다. 그러면서 이 책은 국가와 공동체, 도시와 지방, 다양한 산업이 균형을 이루며 발전할 수 있는 해법을 제시하고 있다.

• 웹사이트

깨끗한 옷 캠페인 Clean Clothes Campaign, CCC

http://www.cleanclothes.org

글로벌 의류와 스포츠용품 기업이 가난한 나라에 둔 하청업체에서 일하는 노동자들을 위한 다양한 활동이 소개되어 있다. 다국적기업들이 노동자 권리를 위한 조건들을 지키도록 감시하고, 부당한 행위를 했을 경우 개선하도록 한 사례를 살펴볼 수 있다. 또 이러한 조건을 지키지 않는 기업들의 제품을 사지 않는 불매운동에 참여할 수도 있다.

국제노동기구 International Labour Organization, ILO

http://www.ilo.org

국제노동기구ILO는 노동문제를 다루는 국제연합UN의 전문기구이다. 웹사이트에서는 전 세계 노동자의 상황을 조사해 분석한 여러 가지 통계자료를 게시하고 있다. 또한 자유무역협정Free Trade Agreement, FTA이 늘어나면서 발생되는 사회적 영향과 노동 기준 개선에 대한 여러 협상과 연구도 살펴볼 수 있다.

굿네이버스 Good Neighbors

http://www.goodneighbors.kr

가난하고 소외되어 있는 지구촌 이웃들을 위해 여러 가지 사업을 벌이고 있는 우리나라 단체 굿네이버스의 웹사이트이다. 우리나라 아동 구호를 비롯해 아프리카와 동남 아시아 등 어려움에 빠져 있는 나라 사람들을 위한 여러 가지 활동을 자세히 소개하고 있다. 해외 결연이나 후원 등 좋은 이웃이 되는 여러 사업에 직접 참여할 수 있다.

세계공정무역협회 Fairtrade International

http://www.fairtrade.net

개발도상국의 생산자와 거대 기업의 경제적 불균형을 바로잡고, 소비자들의 윤리적인 소비를 유도하는 운동을 벌이고 있는 단체다. 공정 무역 시스템을 따르는 제조업체와 유통업체에 대한 정보, 공정 무역 인증 제품 제도에 대한 내용을 살펴볼 수 있다.

세이브더칠드런 Save the Children

http://www.sc.or.kr

세이브더칠드런은 전 세계의 빈곤 아동을 돕는 세계 최대 규모의 아동 구호 비정부기구이다. 30개국에 지부를 두고 있으며, 아프리카 어린이 구호 사업과 아시아 어린이의 의료, 교육 지원 등을 하고 있다. 우리나라 웹사이트에서는 신생아 모자 뜨기, 아동을 살리는 선물 가게 등 다양한 캠페인에 참여할 수 있다.

시민 지원을 위한 국제 금융거래 과세 연합 Association for the Taxation of financial Transactions and Aid to Citizens, ATTAC

http://www.attac.org

세계화 과정 속에서 인간과 환경, 민주적인 사회를 지키기 위해 노력하는 국제적인 운동 단체 아탁 ATTAC의 웹사이트이다. 금융시장 규제, 조세 피난처 폐쇄, 글로벌 공공재 자금을 조달하는 글로벌 세금의 도입 등 이 단체가 현재 중요하게 벌이고 있는 사업과 다양한 활동이 소개되어 있다.

찾아보기

G8 정상회담 115, 156, 160~161, 166

ㄱ

개발도상국 98, 102, 113, 122,
134~136, 147, 151, 160, 162
경제성장률 151
경제협력개발기구 Organization
for Economic Cooperation and
Development(OECD) 147
공산주의 37, 99, 106
공정 무역 152, 162
국경없는 의사회(MSF) 164
국내총생산 72
국제 금융자본 95
국제우주정거장 International
Space Station(ISS) 34
국제노동기구 International Labour
Organization(ILO) 141, 147
국제단체 53
국제앰네스티 Amnesty
International 164
국제연합 United Nations(UN) 70,

118, 136, 141, 147
국제연합개발계획 United Nations
Development Programme(UNDP)
122
국제연합식량농업기구 Food and
Agriculture Organization(FAO)
118, 147
국제연합환경계획 United Nations
Environment Programme(UNEP)
120, 147
국제통화기금 International Mon-
etary Fund(IMF) 147, 161
국제회의 65, 126, 150
그린피스 Greenpeace 164
글로벌 플레이어 Global player 72,
77, 81
금융 위기 16
기후변화 65, 70, 161

ㄴ

나이키 Nike 135, 176
뉴욕증권거래소(NYSE) 116

ㄷ

다국적기업 72, 75, 81, 116, 133, 135, 152, 160, 166

대안 세계화 164

동유럽 37, 80, 82, 141, 167

ㄹ

라틴아메리카 68, 108, 111, 115, 130, 133, 135, 162, 174

러그마크 Rugmark 162

로마 클럽 Club of Rome 69~70

르몽드 디플로마티크 Le Monde Diplomatique 118

ㅁ

마르틴 베하임 Martin Behaim 22~23, 36

마이스페이스 Myspace 56

마킬라도라 Maquiladora 133

말라리아 Malaria 118, 131, 161

맥도널드 McDonald's 75, 157

맹수 자본주의 148

미국항공우주국 National Aeronautics and Space Administration (NASA) 36

ㅂ

바스쿠 다가마 Vasco da Gama 27

버락 오바마 Barack Obama 154

보호무역주의 Protectionism 152

분쟁해결기구 Dispute Settlement Body (DSB) 147

비정부기구 (NGO) 164~165

빌 클린턴 Bill Clinton 152

ㅅ

사모 펀드 Private Equity Fund 95

사스 Severe Acute Respiratory Syndrome (SARS) 53

사회적 시장경제 148

산업혁명 29, 66

《성장의 한계 The Limits to Growth》 70

세계경제포럼 World Economic

Forum 164~165

세계무역기구 World Trade Organization(WTO) 144, 146~151, 157, 161

세계사회포럼 World Social Forum 165~166

세계은행 World Bank(IBRD) 116, 147, 151, 161

세계자연보호기금(WWF) 164

세이브더칠드런 Save the Children 164

소셜 네트워크 서비스 Social Network Service(SNS) 56

스몰 월드 Small World 58

스티븐 호킹 Stephen Hawking 65

식민주의 101, 108, 124

신자유주의 Neoliberalism 147~148, 159

신흥공업국 104, 106, 152, 161

실패한 국가들 Failed States 124, 126

ㅇ

아세안 Association of South-East Asian Nations(ASEAN) 144

아시아의 네 마리 용 104

아탁 Association for the Taxation of financial Transactions and Aid to Citizens(ATTAC) 161~162

어린이 노동자 137

에이즈(AIDS) 118, 161

온실가스 66

월마트 Walmart 75

월스트리트 저널 Wall Street Journal 75

유니세프 United Nations International Children's Emergency Fund(UNICEF) 136~137, 141

유럽연합 European Union(EU) 37, 141, 144

이케아 IKEA 72, 170

인간개발지수 Human Development Index(HDI) 122

ㅈ

자본주의 106

자유 생산 지대 133

자유무역 123, 144, 150~154

자유주의 Liberalism 147

적십자 Red Cross 164

제1차 세계대전 109

제2차 세계대전 37

제3세계 102, 159

조지 부시 George W. Bush 154

주식시장 16, 58, 86, 88, 106

쥘 베른 Jules Verne 32

증기기관 29

ㅊ

최저임금 33, 134

ㅋ

카라반 자본주의 82

크리스토퍼 콜럼버스 Christopher
Columbus 25~29, 36

클린 클로스 Clean Clothes 162

ㅌ

타타 그룹 Tata Group 102

터보 자본주의 Turbocapitalism 161

투자회사 91~92

트랜스페어 TransFair 162

ㅍ

《80일간의 세계 일주》 32

퍼미라 Permira 91~92

페이스북 Facebook 56

펜타곤 Pentagon 62

ㅎ

헤지 펀드 Hedge Fund 95

호랑이 나라들 104

사진 출처

이 책에 실린 사진들은 연합뉴스를 통해 아래 저작권자들의 허락을 받아 사용하였습니다.

ⓒ 스테파니 필릭(STEPHANIE PILICK) / EPA, 24쪽 ; ⓒ 세스 윙(Seth Wenig) / AP Photo, 28쪽 ; ⓒ 케이 니엣펠드(KAY NIETFELD) / EPA, 47쪽 ; ⓒ 이옥현(okhyun) / YONHAP NEWS, 52쪽 ; ⓒ 패트릭 시슨(Patrick Sison) / AP Photo, 63쪽 ; ⓒ 파비오 캄파나(FABIO CAMPANA) / EPA, 73쪽 ; ⓒ 프란츠 페터 테슈아우너(FRANZ PETER TSCHAUNER) / EPA, 83쪽 ; ⓒ 저스틴 랜(JUSTIN LANE) / EPA, 89쪽 ; ⓒ 머니 샤르마(MONEY SHARMA) / EPA, 103쪽 ; ⓒ 다이 쿠로카와(DAI KUROKAWA) / EPA, 125쪽 ; ⓒ 샤 칼리드(Shah Khalid) / AP Photo, 140쪽 ; ⓒ 손 튜(SHAWN THEW) / EPA, 153쪽 ; ⓒ JUNTA NACIONAL DE CAFE EDITORIAL USE ONLY / EPA, 163쪽 ; ⓒ 디타 알랑카라(Dita Alangkara) / AP Photo, 177쪽

10대에게 들려주는 세계화 이야기

왜 세계화가 문제일까?

1판 1쇄 인쇄 2026년 2월 20일
1판 1쇄 발행 2026년 3월 10일

—

지은이 게르트 슈나이더
옮긴이 이수영

—

펴낸이 백성빈
펴낸곳 반니출판
주소 서울 서초구 서초중앙로 69 806호
전화 02-6204-0491
전자우편 banni@banni.co.kr
출판등록 2025년 10월 13일 (제2025-000266호)

—

ISBN 979-11-24280-42-3 43300

—

책값은 뒤표지에 있습니다.
잘못된 책은 구입하신 곳에서 교환해드립니다.